Lernt aktiv!

Live Action German

Jahrtausendausgabe

Contee Seely
und
Elizabeth Romijn

Vorwort von **James J. Asher**

Übersetzt aus dem Englischen
von
Alexandra Kristall

mit freundlicher Hilfe von

**Elisabeth Siekhaus, B. Seona Sommer,
Elisabeth Pöter,
Astrid Gugenheimer Cheney,
Dorit Bandman, Anne Bender,
Doris Brandon, Erich Gorgias,
Eric Heisters, Frieda Halder,
Andreas Hilgardt, Lorenz Ick,
Karen Kossuth, Heinz Kraus,
Gudrun Verleger Krause,
Horst Krause, Hank Lewis,
Maggie Seely und Irmgard Verleger**
*(siehe Dank auf Seite XII)
(see acknowledgments on page XVII)*

Illustriert von **Elizabeth Romijn**

Command Performance Language Institute
1755 Hopkins Street
Berkeley, CA 94707
U.S.A.
(510) 524-1191
Fax: (510) 524-5150
E-mail: consee@aol.com

Lernt aktiv!
wird von dem
Command Performance Language Institute
veröffentlicht,
welches
Total Physical Response Materialien
und andere Materialien
zu den Themen
Spracherwerb
und Sprachlehrmethoden
herausbringt.

Lernt aktiv!
is published by the
Command Performance Language Institute,
which features
Total Physical Response products
and other fine products
related to language acquisition
and teaching.

Um ein Exemplar von *Lernt aktiv!* zu erhalten,
wenden Sie sich an einen der angegebenen
Verteiler auf Seite 150.

To obtain copies of *Lernt aktiv!*,
contact one of the distributors
listed on page 150.

Erste Auflage November 1991
Jahrtausendauflage Februar 1999

First published November, 1991
Millennium Edition February, 1999

ISBN 0-929724-03-8

INHALTSVERZEICHNIS

VORWORT
[zur englischen Ausgabe]

In den 20 Jahren unserer Forschungsarbeit haben wir festgestellt, daß der Unterricht weit erfolgreicher und die Mitarbeit der Studenten intensiver ist, wenn die Studenten Befehle mit angemessenen Handlungen verbinden können. Zum Beispiel genügt es im Deutschen nicht, daß Studenten die Bedeutung von »aufstehen« und »sich hinsetzen« einfach verstehen. Um diese Wörter begreifen und verinnerlichen zu können, müssen die Studenten diese Wörter sozusagen »am eigenen Leib« erfahren, indem sie die Bedeutung der Wörter körperlich darstellen: Wenn die Studenten die Wörter »aufstehen« und »sich hinsetzen« hören, müssen sie demgemäß handeln. Die Aufgaben in diesem Buch sind in erster Linie auf diesem Grundsatz aufgebaut. Sie beruhen außerdem auf Gouins Entdeckung, daß Serien dem Gedächtnis helfen.

Die Autoren nehmen nicht an, daß die Studenten, die dieses Buch benutzen, kein Deutsch verstehen. Auch wird davon ausgegangen, daß der Lehrer nicht nur dieses Buch verwenden wird. Bei Studenten der Anfangsstufe haben wir festgestellt, daß es für sie am besten ist, wenn sie am Anfang den Anordnungen in der Fremdsprache nur aufmerksam zuhören und angemessen handeln. Das Sprechen der Studenten soll solange aufgeschoben werden, bis sich das Dargebotene ganz eingeprägt hat. Nach einiger Zeit, wenn das Verständnis in der Fremdsprache zunimmt und sich erweitert, wird Sprechen automatisch eintreten. Genau wie bei kleinen Kindern, die ihre erste Sprache hören und lernen, werden Fehler auftreten. Mit der Zeit und mit umsichtigen Hilfe des Lehrers wird sich die Sprache des Schülers und der Studenten immer mehr dem authentischen Sprecher annähern. Die Anleitungen, die in dem Buch aufgeführt werden, sind gut durchdachte Methoden, um diese Hilfe zu gewährleisten. Sie werden auch Studenten helfen, die noch nicht das Glück hatten, mit dieser aufregenden Methode des Spracherwerbs in Berührung gekommen zu sein.

Die Veröffentlichung dieses Buches [auf Englisch] ist besonders zu begrüßen, da es der erste Text für Studenten ist, der Gebrauch von der »Total Physical Response« Methode macht und in englischer Sprache veröffentlicht wurde.

James J. Asher
Februar 1979

V

FOREWORD

In 20 years of research we have found that when students respond with appropriate actions to commands, their learning is far more efficient and their involvement fuller than if they do not move. In English, for example, it is not enough for students to understand the meaning of *stand up* and *sit down*. They must construct their own reality by physically standing when they hear "stand up" and sitting when they hear "sit down." The lessons in this book are based, first and foremost, on this principle (Secondarily they are based on Gouin's discovery that series help the memory.).

The authors do not assume that the students who use this book know no English. Nor do they assume that the instructor will do nothing more than use the material here presented. With students who are beginning at the lowest levels, we have discovered that an optimal format is for them to start by silently listening to directions in the target language and responding with appropriate actions. Speaking from students is delayed until comprehension has been thoroughly internalized. Eventually, as comprehension of the target language expands and expands, talk will spontaneously appear. Of course, like infants learning their first language, when speech appears, there will be many distortions. But gradually, in time, with the skillful coaching of the instructor, student speech will shape itself in the direction of the native speaker. The procedures recommended in this book are one well-developed way to provide this coaching and will also help students who have not had the good fortune to begin their language learning with this exciting approach.

The publication of this book is especially welcome, as it is the first student text that makes use of Total Physical Response to be published in the English-speaking world.

James J. Asher
February, 1979

EINFÜHRUNG

Dieses Buch enthält 68 Befehlsserien, die von jedem Mitglied in der Klasse ausgeführt werden und somit wirklichkeitsnahe Situationen hervorrufen. Es ist kein vollständiger Kurs. Jedoch läßt es sich sehr gut mit allen Arten von Materialien im Anfangs- und Fortgeschittenenstadium verbinden. Besonders gut geeignet ist es für Klassen mit unterschiedlichen Sprachniveaus, da Studenten beider Lernphasen — und nicht selten Fortgeschrittene — durch die Mitarbeit an jeder Serie lernen.

Das Buch eignet sich auch besonders gut für Kurse mit Erwachsenen, bei denen sich Interessierte auch während des Kurses noch einschreiben können, da es für jede Unterrichtsstunde (oder jede Doppelstunde) ein neues Set an Vokabeln bereitstellt, das jedes Mal wieder als Grundlage für dasselbe oder dieselben Grammatikkapitel dienen kann. Die regelmäßig kommenden Studenten werden die Klasse nicht als sich dauernd wiederholend empfinden, denn der Kontext ist immer wieder neu. Neu beginnende Studenten oder solche, die nicht zu jeder Unterrichtsstunde kommen können, können jederzeit einsteigen, weil die Buchkapitel nicht von der Annahme ausgehen, daß das Vokabular bereits bekannt ist. Das Vokabular ist immer wieder neu und wird jeden Tag von allen in der Klasse gründlich erlernt, bevor irgendwelche Grammatik in Angriff genommen wird. (Siehe »Erfinderische Abwandlungen«, S. XLI-XLII, Nr. 1 und 2) Die Studenten, die zu jeder Klasse kommen, lernen schneller, weil sie dieselben Punkte in jedem Kontext immer wieder üben und deshalb diese Satzkonstruktionen auf eine Art erwerben, die dem Erstsprachenerwerb näherkommt als andere Unterrichtsaktivitäten.

Lernt Aktiv! schließt auch die Umgangssprache mit ein, was in anderen Texten nicht vorhanden ist. Wir haben den Text der Kultur und Sprache des deutschsprachigen Raumes angepaßt und haben dementsprechend einige Lektionen hinzugefügt, die besonders für die deutsche Ausgabe geeignet sind.

FÜR LEHRER, DIE ZUM ERSTEN MAL MIT DER TPR-BEHANDLUNG ARBEITEN. Einige Lehrer, die mit dieser Behandlung neu beginnen, werden die Vorgehensweise, wie die Befehlsserien am vorteilhaftesten eingesetzt werden, als ungewohnt empfinden. Deshalb raten wir dazu, mit den einfacheren, kürzeren und leicht verständlichen Lektionen zu beginnen, obwohl sie in jeder beliebigen Reihenordnung benutzt werden können. Die ersten 18 Lektionen (S. 2-37) eignen sich besonders für diesen Zweck.

Einige Lehrer, die mit dieser Behandlung neu beginnen, werden am Anfang einige Vorschläge in der Handhabung der Klasse ungewöhnlich und ein wenig umständlich finden. Während der Vorführung (Schritt 2, »Richtlinien«, S. XXI) bleiben die Studenten stumm. Sie hören und beobachten das Geschehen. Die Stille kann seltsam erscheinen, ist aber für gutes Zuhören und für das Verständnis und der daraus folgenden Aussprache notwendig. Zum Schluß (Schritt 7, S. XXIV und XXV) üben alle Studenten zusammen, was sich oft chaotisch anhört aber in Wirklichkeit sehr wirksam ist, indem es jedem Studenten weit mehr die Möglichkeit für wirkliche Verständigung gibt, als es in den gängigen Fremdsprachenklassen üblich ist. Ein weiteres Merkmal diesem Behandlung ist der emotionelle Ausdruck, die übertriebene Handlung und das Theatralisch-Dramatische, das von dem Lehrer gefordert wird.

HISTORISCHE GRUNDLAGE. Die Behandlung, auf der das Buch basiert, hat ihre Grundlage in den Werken des Franzosen François Gouin, des Engländers Harold E. Palmer und des Amerikaners James J. Asher. Gouin veröffentlichte 1880 *L'art d'enseigner et d'etudier les langues*.[1] Er gab eine detaillierte Beschreibung für den Gebrauch der Serien, ohne jedoch die ausführenden Handlungen zu erwähnen. Palmer bezieht sich in *English through Actions*[2] auf Gouin, stellt aber die Handlung in den Vordergrund. Asher (der das Vorwort zu diesem Buch geschrieben hat) hat nahezu 30 Jahre Forschungsarbeit geleistet, was auf die Wirkung schließen läßt, die die »Total Physical Response« Behandlung bei Studenten jeden Alters schließen läßt. Als Psychologe an der San José State Universität hat er zahlreiche Artikel geschrieben, in denen er seine Forschungen beschreibt und ein Buch unter dem Titel *Learning Another Language Through Actions: The Complete Teacher's Guidebook*[3] veröffentlicht. Er hat außerdem mehrere Filme produziert, die diese Behandlung darstellen.

DIE GRUNDLAGEN DES TPR. Kurz zusammengefaßt bezieht sich Ashers Behandlung auf die folgenden Grundprinzipien des Fremdsprachenerwerbs.

- Verständnis der gesprochenen Sprache soll dem Sprechen vorausgehen.
- Verständnis soll sich durch körperliche Bewegungen des Studenten entwickeln, besonders (aber nicht ausschließlich) im Anschluß an Imperative.
- Sprechen soll nicht gefordert werden bis der Student dazu bereit ist.[4]

Asher weist darauf hin, daß die meisten Behandlungen Stress und Enttäuschungen verursachen, wenn Studenten gezwungen werden, zu sprechen, bevor sie dazu bereit sind. Körperlich auf Befehle zu antworten, ist eine außergewöhnlich wirksame Weise, die Bereitschaft zum Sprechen zu erreichen, *ohne Stress oder Frustration hervorzurufen.*

DIE VORTEILE DER SERIEN. Unter den vielen Vorteilen, den Spracherwerb mit Serien zu verbinden, sind die folgenden zu erwähnen: 1) Serien begünstigen das Erinnern, wie Gouin festgestellt hat. Neuere psychologische Studien haben das Erinnerungsvermögen durch Listen mit unlogisch aneinandergereihten Abläufen mit logisch aufeinander folgenden Abläufen verglichen. Solche Studien wurden aus Gouins Beobachtungen vor einem Jahrhundert gewonnen. 2) Serien bilden einen

---

[1] Paris: Librairie Fischbacher; englische Übersetzung von H. Swan und V. Bétis, *The Art of Teaching and Studying Languages*, London: Philip, 1892.
[2] Geschrieben mit seiner Tochter, Dorothée Palmer, Tokyo: Institute of Research in Language Teaching, 1925; leicht revidierte Auflage: London: Longman, 1959.
[3] Los Gatos, Calif.: Sky Oaks Productions, 5. Auflage, 1996.
[4] Ibid., Seite 2-4.

Zusammenhang für die Bedeutung. 3) Serien sind lebensnahe Situationen. Je größer die Lebensnähe der Situation, desto verbindlicher und motivierender ist sie. 4) Während Serien sich gut für eine Menge von Dingen eignen, sind sie doch besonders gut für die Wortschatzerweiterung von Verben geeignet.

DER VORTEIL MIT IMPERATIVEN IM BERUFSLEBEN. Es gibt einen zusätzlichen Vorteil im Handlungsablauf der Imperative für Studenten, die einen Beruf haben oder bald berufstätig sein werden. Befehle werden in großer Anzahl in den meisten, wenn nicht allen Berufszweigen, benutzt. Ein Forschungsprojekt, das in Texas[5] durchgeführt wurde, zeigt, daß in über 4 000 Sprachproben aus dem Berufsleben *40% Imperative aufweisen!* Die Beispiele wurden aus 12 verschiedenen Berufszweigen gewählt, einschließlich des Geschäftslebens, des Gesundheitswesens, des Nahrungbetriebes, des Schweissens und der Autowerkstatt. Dieselbe Forschungsarbeit hat auch angedeutet, daß *die meisten Verben für alle Berufe nützlich sind*, wogegen sich Hauptwörter auf einen besonderen Berufszweig beziehen. Diese Resultate deuten stark darauf hin, daß es von großem Nutzen sein kann, wenn Studenten, die mit einer Reihe von Aktivitäten beschäftigt sind, Serien von Befehlen lernen.

DIE GESCHICHTE DER VERÖFFENTLICHUNGEN. *Live Action English* wurde zum ersten Mal 1979 veröffentlicht. Zu unserem Erstaunen ist es 15 mal nachgedruckt worden. Zwei Jahre nach der ursprünglichen Veröffentlichung in den Vereinigten Staaten erschien eine britische Ausgabe.[6] Über 51 000 Exemplare der englischen Ausgabe sind jetzt im Umlauf. 1985 wurde eine Ausgabe mit zwei *Live Action English* Kassetten produziert. Das Material in *Live Action English* wurde im Unterricht unter Mitarbeit von erwachsenen Englischschülern und, in vielen Fällen, Spanischstudenten entwickelt. Zu unserer Überraschung wurde die englische Ausgabe weitgehend in der Grundschule und High School, von Universitätsstudenten und auch von Erwachsenen benutzt. Das Buch hat sich als erfolgreich für Studenten aus vielen verschiedenen Ländern erwiesen — so z.B. aus den USA, Kanada, China, Korea, Thailand, Japan, den Philippinen, Indonesien, Australien, Brasilien, Lateinamerika, Spanien, Frankreich, Deutschland, Österreich, Großbritannien, Italien, Israel, Marokko, Nigerien und vielen anderen Ländern. Für diese Behandlung zeigten die Teilnehmer einen bemerkenswerten Enthusiasmus. Viele der Serien sind mit ähnlicher Begeisterung von amerikanischen Studenten benutzt worden, die Deutsch, Italienisch, Japanisch, Französisch, Spanisch, Finnisch und andere Sprachen lernten.

ZUSÄTZLICHE *LIVE ACTION* MATERIALIEN. 1985 wurde eine Ausgabe mit zwei *Live Action English* Kassetten produziert. Auf diesen befindet sich als Hörtext der gesamte Text jedes Kapitels einer früheren amerikanischen Auflage des Buches, vorgelesen von den Autoren. Versionen in Spanisch (*¡Viva la accion!*), Französisch (*Vive l'action!*), Deutsch (*Lernt aktiv!*), Italienisch (*Viva l'azione!*) und Japanisch (*Iki Iki Nihongo*) sind ebenfalls erhältlich (siehe die Rückseite dieses Buches).

---

[5] 1979-80 durch das Resource Development Institute in Austin, unter der Leitung von Mary Galvan.
[6] Oxford: Pergamon Press, 1981; z.Zt. vergriffen.

Action English Pictures, mit Illustrationen von einem ehemahligen Englisch-studenten Noriko Takahashi und einem Text von Maxine Frauman-Prickel (Hayward, Calif.: Alemany Press, 1985; zur Zeit erhältlich von Alta Book Center; siehe den vorletzen Seite) beruht direkt auf *Live Action English*. Es besteht aus 66 zu vervielfältigenden Bilderlektionen — von denen 37 den *Lernt aktiv!* Serien entsprechen, jedoch ohne Text sind. Für jede Textzeile gibt es ein Bild in den *Lernt aktiv!* Lektionen. (Siehe die Illustration auf der vorletzen Seite und S. 143 für eine vollständige Liste der Kapitel, die beide Bücher gemeinsam haben.)

TPR Is More Than Commands—At All Levels von Contee Seely und Elizabeth Romijn (Berkeley, Kalifornien: Command Performance, 1995; siehe Seite 149) erläutert, wie die Live Action Serien eingesetzt werden können, um zahlreiche Charakteristiken einer Sprache zu lehren. Dieses Buch beinhaltet Beispiele für Dialoge, Konversationen, Rollenspiele, Miniserien, Übungen für den Redefluß, TPR Diktate, schriftliche Übungen und Tests, Aussprache- und Hörverständnisübungen und detaillierte Beschreibungen, wie acht verschiedene englische Zeitformen, unbestimmte Pronomen, Negationswörter und Possessivpronomen auf der Grundlage des Vokabulars der Serien in *Live Action English* eingeführt und geübt werden können. Ebenfalls wird eine gründliche Beschreibung von Blaine Rays TPR Storytelling-Methode gegeben.

DREI NEUE KAPITEL. Diese Jahrtausendausgabe ersetzt »Ein Überfall« auf S. 40-41 durch »Eine Kassette abspielen«, »Hungrige Insekten« auf S. 58-59 durch »Fotos machen« (S. 126-127) und »Eine Prügelei« auf S. 84-85 durch »Eine Wegbeschreibung geben«. Obwohl die ausgetauschten Kapitel wichtiges Vokabular für Deutschlerner beinhalten, denken wir, daß dieses aufgrund seiner Konnotation mit Gewalt auf eine angebrachtere Art und Weise präsentiert werden kann als durch die Verwendung des Imperativs. Die drei neuen Kapitel bringen Vokabeln, die mit nützlichen Alltagsfertigkeiten im Zusammenhang stehen.

ÄHNLICHE AUSGABEN. Mehrere Bücher sind erschienen, die *Live Action English* und *Lernt Aktiv!* ähnlich sind, indem sie Handlungsfolgen aufweisen. Während nur zwei der unten beschriebenen Ausgaben auch im Deutschen erhältlich sind, können alle anderen für den Gebrauch im Deutschunterricht abgewandelt werden.

1. *The Children's Response* von Caroline Linse (Hayward, Calif.: Alemany Press, 1983; zur Zeit vergriffen) beinhaltet 60 besonders auf Kinder der Grundschule abgestimmte englische Folgen.

2. *Actionlogues* von Jody Klopp (Los Gatos, Calif.: Sky Oaks Productions, 1985; siehe Seite 150) hat 25 Folgen mit einem Fotobild für jede Textzeile — erhältlich nur in Deutsch, Französisch und Spanisch; Kassetten sind in allen drei Sprachen erhältlich.

3. *Action Sequence Stories* von Constance Williams (Williams and Williams, 1987 und 1988; P.O. Box 2672, Menlo Park, CA 94026) enthält zwei Materialkästen. Jeder Kasten beinhaltet 50 sechszeilige Befehlsfolgen. Deutsche, englische, spanische, französische und italienische Ausgaben dieser Folgen sind erhältlich.

4. *English Operations* von Gayle Nelson und Thomas Winters (Brattleboro, VT: Pro Lingua, 1993) beinhaltet 55 Sequenzen aus dem Alltag auf Englisch. Es ist eine überarbeitete und erweiterte Auflage von *ESL Operations*, veröffentlicht 1980 von Newbury House.

5. *Picture It!: Sequences for Conversation* (Tokio: International Communications, 1987, New York: Regents, 1981; zur Zeit erhältlich von Prentice Hall Regents, Old Tappan, NJ) besteht aus 60 achtseitigen vollständig illustrierten Folgen in einer Vielzahl englischer Zeitformen, die nicht dazu gedacht sind, ausgeführt zu werden. Obwohl nur einige im Imperativ geschrieben sind, können alle Handlungen in den Imperativ umgewandelt werden.

6. *Listen and Act* von Dale Griffee (Tucson, Arizona, und Tokyo; Lingual House, 1982; vielleicht erhältlich bei Longman unter der Telefonnummer 800-862-7778) besteht aus einer Seriensammlung von Serien von »Minidramen«, in der ein »Direktor« Befehle an »Schauspieler« und »Schauspielerinnen« gibt, die diese Handlungen ausführen.

DIE AUTOREN LADEN SIE EIN

Sie sind herzlich eingeladen, die Herausgeber, die diese Bücher in ihren Sprachkursen in der San Francisco Bay Area benutzen, zu besuchen.

Contee Seely hat 1961 das Studium an der Princeton University abgeschlossen. Er hat in Ecuador, Peru, Chile und den U.S.A. Englisch als Fremdsprache für Erwachsene gelehrt. Außerdem hat er in den U.S.A. Spanisch an der High School, am Vista College in Berkeley und für Erwachsene (u.a. für Peace Corps Anwärter) unterrichtet. Er ist der Autor von *¡Español con impacto!* (z.Zt. in Bearbeitung) Zusammen mit Elizabeth Romijn hat er das Buch *TPR Is More Than Commands—At All Levels* verfaßt und zusammen mit Blaine Ray das Buch *Fluency Through TPR Storytelling* (s. S. 149). Im Moment unterrichtet er Spanisch in der Abendschule der Neighborhood Centers Adult School, die Teil des öffentlichen Schulsystems in Oakland ist. 1989 hat er die »Excellence in Teaching« Auszeichnung vom California Council for Adult Education verliehen bekommen. Er ist der Verleger des Command Performance Language Institute in Berkeley und hält Ausbildungsseminare für Lehrer in der TPR-Behandlung für alle Stufen (von Dr. James J. Asher empfohlen), für Blaine Rays Storytelling-Methode und für andere effektive Methoden. Sie können Contee unter der Telefonnummer (510) 524-1191 erreichen. Er und seine Frau Maggie haben einen Sohn, Michael, und eine Tochter, Christina.

Elizabeth Kuizenga Romijn (ehemals Libby Kuizenga) wuchs in Ann Arbor, Michigan auf. Sie erhielt 1969 ihren B.A. in Linguistik von der University of California in Berkeley und lehrt seitdem Englisch als Fremdsprache (ESL) an dem Mission Community College in San Francisco. 1983 erhielt sie einen M.A. in Linguistik/ESL von der San Jose State University. Zusammen mit Contee Seely hat sie das Buch *TPR Is More Than Commands—At All Levels* (s. S. 149) verfaßt. Sie hat Lehrerseminare über TPR und ESL für Klassen mit unterschiedlichen

Sprachniveaus in ganz Kalifornien gehalten. Sie hat zwei Töchter, Rebecca Stamos und Tamara Romijn, und lebt in Oakland mit ihrem Ehemann Talmadge Heath. Um Zeit und Ort von Elizabeth Romijns Kursen zu erfahren, rufen Sie sie in ihrer Schule (415) 550-4414 an oder bei Contee Seely (510) 524-1191.

DANK

Wir möchten **Elisabeth Siekhaus, B**. **Seona Sommer**, **Elisabeth Pö-ter**, **Astrid Gugenheimer Cheney, Dorit Bandman, Anne Bender, Do-ris Brandon, Giesele Diehmer, Erich Gorgias, Frieda Halder, Eric Heisters, Andreas Hilgardt, Lorenz Ick, Karen Kossuth, Heinz Kraus, Gudrun Krause, Horst Krause, Hank Lewis, Maggie Seely** und **Irm-gard Verleger** für die wertvolle Hilfe bei der Übersetzung von *Lernt aktiv!* danken. Wir wollen auch **Sally Berlowitz, Barbara Dankert, Katinka Franz Wyle,** und **Monika Nimeh** für ihre Hilfe danken. **Berty Segals** und **Ruth Cathcarts** Vorschläge waren für die einführenden Abschnitte dieses Buches unersetztlich. Wir möchten **Julia Montrond** danken, die das Buch ins Intalienische übersetzt hat. Sie hat uns mit Ideen für die Serie »Ein Faschingskostüm« (pp. 134-135) versorgt. »Der Schluckauf« (S. 58-59) ist eine Abwandlung eines spanischen »audio-motor unit«, das 1974 durch eine persönliche Mitteilung von **Theodore Kalivoda** an uns weitergegeben wurde. Wir wollen auch **Maggie Seely, Jaap Romijn, Eduardo Hernández-Chávez, Ken Beck, Judy Winn-Bell Olsen, Helen Valdez, Helen McCully, Patricia Helton** und **James Asher** für ihre beständige Ermutigung bei der Abfassung des ursprünglichen englischen Textes danken. Wir sind auch **Roberta MacFarlane, Nick Kremer** und **Mary Galvan** für die Information über Forschungsarbeiten, die sich mit der Berufssprache befassen (S. IX) zu Dank verpflichtet. Wir wollen **Peter Taylor** für seine Hilfsbereitschaft im Gebrauch seines Laserprinters und seines Macintosh Computers danken, mit dem es möglich wurde, das Manuskript für dieses Buch zu schreiben. An dieser Stelle möchten wir **Al Stouts** gedenken, der vor der Veröffentlichung von *Lernt Aktiv!* verstorben ist. Wir danken **David Eaton**, der das einmalige Format der Lektionen vorgeschlagen hat. Unser größter Dank gehört **UNSEREN STUDENTEN**, die im Laufe der letzten 24 Jahre unsere Inspiration waren. Diese Materalien sind als direkte Folge der Freude und des Enthusiasmus dieser Lernbehandlung entstanden. Wir wünschen Ihnen denselben Enthusiasmus und dieselbe Freude.

INTRODUCTION

This book consists of 68 series of commands which are actually put into action by every member of a class, thereby creating live situations. It is not a complete course. However, it will combine extremely well with all sorts of other materials at the beginning and intermediate levels. It is particularly well-suited to the multi-level class, because students at both levels—and often advanced students too—learn with full involvement in every series. It is also excellent for open-enrollment classes, because reviewing is just as lively as enacting the material for the first time.

It is also excellent for open-enrollment classes for adults, because it provides a new set of vocabulary words each class session (or couple of sessions) on which can be based the same grammar lesson or lessons time after time. The regular students never feel that the class is at all repetitive, because the context is always new. However, newcomers, or people who cannot get to every class session, can pick up wherever you are on the day they come, because the lessons are not based on the assumption that the vocabulary is already understood; the vocabulary is new and learned thoroughly by everyone in the class, each day, before any grammar points are tackled. (See "Creative Adaptations," p. *XLIV*, nos. 1 and 2.) The people who do come to each session learn faster, because they practice the same points again and again in each context, thus acquiring these structures in a way that more closely approximates first language acquisition than do most classroom activities.

Lernt aktiv! contains a great deal of practical colloquial language not found in other texts. We have carefully adapted the text to the German milieu and have written several lessons specifically for this German edition.

FOR TEACHERS NEW TO TPR. Some groups or teachers are not accustomed to working in the manner in which these series are most profitably used. So, although the lessons may be used in any order, we recommend that you start with some of the simpler, briefer, more obvious ones. The first 18 lessons (pp. 2-37) are especially appropriate for this purpose.

Some teachers who are new to this approach will find certain things about the classroom procedures unusual and a little uncomfortable at first. During the presentation (step 2, "Procedures," p. *XXVIII*), the students remain silent while listening and watching the action. This silence can seem strange but is necessary for good hearing and comprehension and subsequent pronunciation. In the final step (the 7th, pp. *XXXI-XXXII*) all the students practice in a tremendous babble that often appears chaotic but is actually very efficient, allowing each student far more opportunity for real communication than in the usual language class. Another unusual aspect is the emotional expression, exaggerated action and theatrical drama required of the instructor.

HISTORICAL BASIS. The approach on which this book is based has its roots in the work of Frenchman François Gouin, Englishman Harold E. Palmer and American James J. Asher. Gouin published *L'art d'enseigner et d'étudier les*

XIII

langues[1] in 1880. He gave a detailed description of the use of series without making mention of enacting them. In Palmer's *English through Actions*[2] debt was paid to Gouin and action was brought into prominence. Asher (who wrote the foreword to this book) has done nearly 30 years of research which has clearly established the high effectiveness of Total Physical Response with students of all ages. A psychologist at San José State University, he has published numerous articles describing his research and a book entitled *Learning Another Language Through Actions: The Complete Teacher's Guidebook*,[3] as well as producing several films which demonstrate this approach.

THE BASICS OF TPR. Briefly, Asher's approach is based on these three fundaments of language instruction:

- Understanding the spoken language should precede speaking.
- Understanding should be developed through movements of the student's body, especially (but not only) in response to imperatives.
- Speaking should not be encouraged until the student is ready for it.[4]

Asher feels that most approaches cause stress and frustration by requiring students to speak before they are ready to. Responding physically to commands is an extremely efficient way to achieve readiness to speak *without causing stress or frustration.*

ADVANTAGES OF SERIES. Among the many advantages of using series in language acquisition/learning are the following: (1) Series facilitate remembering, as Gouin noted. Recent psychological studies have compared the memorization of lists of non-sequential items with logically connected sequences. Such studies have born out Gouin's observations of a century ago. (2) Series provide a context for meaning. (3) Series are life-like situations. The more life-like the situation, the more engaging and motivating it is. (4) While series are good for learning lots of things, they are especially good for expanding students' repertoires of verbs.

VOCATIONAL ADVANTAGE OF IMPERATIVES. There is an additional advantage to sequences of imperatives for students who have jobs or expect to get them soon. Commands are used with great frequency in most, if not all, job areas. A research project done in Texas[5] showed that in over 4,000 oral samples of language on the job *a full 40% involved imperatives!* The samples were gathered from 12 diverse fields of work, including business, welding, health, food service and auto mechanics. The same study also indicated that *most verbs are useful in all vocations*, whereas nouns tend to be specific to a particular occupation. These findings strongly suggest that learning series of commands is highly useful to students involved in a variety of activities.

---

[1]Paris: Librairie Fischbacher; English translation by H. Swan and V. Bétis, *The Art of Teaching and Studying Languages*, London: Philip, 1892.
[2]Co-authored by his daughter, Dorothée Palmer, Tokyo: Institute of Research in Language Teaching, 1925; slightly revised later edition: London: Longman, 1959.
[3]Los Gatos, Calif.: Sky Oaks Productions, 5th ed., 1996.
[4]Ibid., page 2-4.
[5]In 1979-80 by the Resource Development Institute of Austin, under the direction of Mary Galvan.

PUBLISHING HISTORY. *Live Action English* was first published in 1979. To our amazement, it has enjoyed 15 printings, and about 52,000 copies are now in print. Two years after the initial publication in the United States, a British edition appeared.[6] In 1985 a set of 2 *Live Action English Cassettes* was produced. The materials in *Live Action English* were developed in the classroom in work with adult learners of English and, in many cases, Spanish. Much to our surprise again, the English version has been widely used with elementary and secondary school and college students as well as with adults. It has been used successfully with students of many and diverse nationalities all over the world—in the U.S., Canada, China, Korea, Thailand, Japan, the Philippines, Indonesia, Australia, Brazil, most of Spanish America, Spain, France, Germany, Austria, the U.K., Italy, Israel, Morocco, Nigeria and many other areas—with remarkable enthusiasm. Many of the series have also been used with American students who were learning German, Italian, Japanese, French, Spanish, Finnish and other languages—with the same enthusiasm.

ADDITIONAL *LIVE ACTION* MATERIALS. In 1985 a set of two *Live Action English Cassettes* was produced. Versions of the book in Spanish (*¡Viva la acción!*), French (*Vive l'action!*), German (*Lernt aktiv!*), Italian (*Viva l'azione!*) and Japanese (*Iki Iki Nihongo*) are also available (see the back of this book).

Action English Pictures, with illustrations by former English student Noriko Takahashi and text by Maxine Frauman-Prickel (Hayward, Calif.: Alemany Press, 1985; currently available from Alta Book Center; see the next-to-last page), is based directly on *Live Action English*. It consists of 66 duplicatable picture lessons—37 of which are the very same series which are in *Lernt aktiv!*, but without words. There is a picture for each line of text in the included *Lernt aktiv!* lessons. (See illustration on the next-to-last page, and see p. 143 for a complete list of the lessons which are in both books.)

TPR Is More Than Commands—At All Levels by Contee Seely and Elizabeth Romijn (Berkeley, California: Command Performance, 1995; see p. 149) shows how to use the *Live Action* series to teach numerous features of any language. This book includes samples of dialogs, conversations, role-playing, mini-series, fluency practice, TPR dictation, written exercises and quizzes, pronunciation and listening discrimination exercises, and detailed descriptions of how to introduce and practice eight different English verb tenses, indefinite and negative pronouns, and possessive adjectives—all based on the vocabulary of the series in *Live Action English*. It also gives a thorough description of Blaine Ray's TPR Storytelling method.

THREE NEW LESSONS. This Millennium Edition replaces "Ein Überfall" on pages 40-41 with "Eine Kassette abspielen," "Hungrige Insekten" on pages 58-59 with "Fotos machen" (pages 126-127), and "Eine Prügelei" on page 84-85 with "Eine Wegbeschreibung geben." Although the replaced lessons contained important vocabulary for learners of German, we feel that because of their violent nature,

---

[6]Oxford: Pergamon Press, 1981; currently out of print.

XV

there are more appropriate ways to present this language than through the use of the imperative. The three new lessons involve vocabulary of useful life skills.

SIMILAR MATERIALS. Several books have appeared which are similar to *Live Action English* and *Lernt aktiv!* in that they consist of series of actions. While only two of the following materials are available in German, all the others can be adapted for use in German:

1. *The Children's Response* by Caroline Linse (Hayward, Calif.: Alemany Press, 1983; currently out of print) is 60 English series deftly designed for elementary school children.

2. *Actionlogues* by Jody Klopp (Los Gatos, Calif.: Sky Oaks Productions, 1985; see p. 150) presents 25 series with a photograph for each line—available in German, French and Spanish only; cassettes available in all three languages.

3. *Action Sequence Stories* by Constance Williams (Williams and Williams, 1987 and 1988; P.O. Box 2672, Menlo Park, CA 94026) consists of 2 kits of materials, each of which includes 50 six-line command sequences. German, English, Spanish, French and Italian versions of the sequences are available.

4. *English Operations* by Gayle Nelson and Thomas Winters (Brattleboro, VT: Pro Lingua, 1993) has 55 everyday sequences in English. This is a revised and expanded edition of *ESL Operations*, published by Newbury House in 1980.

5. *Picture It!: Sequences for Conversation* (Tokyo: International Communications, 1978; New York: Regents, 1981; currently available from Prentice Hall Regents, Old Tappan, NJ) has 60 eight-line, fully-illustrated sequences which are in a variety of English tenses and were not intended to be acted out. While only a handful are in the imperative, all can be done with action and adapted to the imperative.

6. *Listen and Act* by Dale Griffee (Tucson and Tokyo; Lingual House, 1982; P.O. Box 3537, Tucson, AZ 85722; Box 14, Ogikubo, Suginami-ku, Tokyo; may be available from Longman at 800-862-7778) is "mini-drama" sequences in which a "director" gives commands to "actors" and "actresses" who perform the actions.

THE AUTHORS INVITE YOU

You are welcome to observe the authors using these materials in their language classes in the San Francisco Bay Area.

Contee Seely graduated from Princeton University in 1961. He has taught English to adult speakers of other languages in Ecuador, Peru, Chile and the United States and has also taught Spanish in high school and to adults (including Peace Corps trainees) in the U.S. and at Vista College in Berkeley. He is the author of *¡Español con impacto!* (currently under revision) With Elizabeth Romijn he is co-author of *TPR Is More Than Commands—At All Levels* and, with Blaine Ray, of *Fluency Through TPR Storytelling* (see page 149). Currently he teaches Spanish for the Neighborhood Centers Adult School in the Oakland public schools (in the evening). In 1989 he received the Excellence in Teaching Award presented by the California Council for Adult Education. He is the publisher at the Command Performance Language Institute in Berkeley and gives teacher training workshops at all levels on TPR (recommended by Prof. James J. Asher),

Blaine Ray's TPR Storytelling and other effective methods. You can reach Contee at (510) 524-1191. He and his wife Maggie have a son, Michael, and a daughter, Christina.

Elizabeth Kuizenga Romijn grew up in Ann Arbor, Michigan, as Libby Kuizenga. She received a B.A. in Linguistics from the University of California in Berkeley in 1969 and immediately began teaching ESL that fall for the Mission Campus of City College of San Francisco, where she can still be found today. In 1983 she received an M.A. in Linguistics-ESL from San José State University. With Contee Seely she is co-author of *TPR Is More Than Commands—At All Levels* (see page 149). She has presented teacher workshops on TPR and multi-level ESL throughout California. She has two daughters, Rebecca Stamos and Tamara Romijn, and lives in Oakland with her husband, Talmadge Heath. Call Contee Seely at (510) 524-1191 for times and locations of Elizabeth's classes. Or call her at her school at (415) 550-4414.

ACKNOWLEDGMENTS

We are extremely grateful for the invaluable aid of **Elisabeth Siekhaus, B. Seona Sommer, Elisabeth Pöter, Astrid Gugenheimer Cheney, Dorit Bandman, Anne Bender, Doris Brandon, Giesele Diehmer, Erich Gorgias, Frieda Halder, Eric Heisters, Andreas Hilgardt, Lorenz Ick, Karen Kossuth, Heinz Kraus, Gudrun Krause, Horst Krause, Hank Lewis, Maggie Seely** und **Irmgard Verleger** with the translation of *Lernt aktiv!* We would also like to thank **Sally Berlowitz, Barbara Dankert, Monika Nimeh** and **Katinka Franz Wyle** for their assistance. And we deeply appreciate the suggestions of **Berty Segal** and **Ruth Cathcart** which we have incorporated into the introductory sections of all versions of this book. We are indebted to **Julia Montrond**, the translator of the Italian version, *Viva l'azione!*, for providing the idea for the series entitled "Ein Faschingskostüm" (pp. 134-5). "Der Schluckauf" (pp. 58-59) is an adaptation of a Spanish "audio-motor unit" in a personal communication from **Theodore Kalivoda** in 1974. We also wish to thank **Maggie Seely, Jaap Romijn, Eduardo Hernández-Chávez, Ken Beck, Judy Winn-Bell Olsen, Helen Valdez, Helen McCully, Patricia Helton** and **James Asher** for their constant encouragement in the writing of the original English version. We are grateful, too, to **Roberta MacFarlane, Nick Kremer** and **Mary Galvan** for information on research dealing with on-the-job language (p. *XIV*). We thank **Peter Taylor** for the use of his laser printer and his Macintosh computer, with which the camera-ready copy for this book was prepared. And we wish to remember **Al Stout**, who regrettably did not live to see *Lernt Aktiv!* We thank **David Eaton** for suggesting the unique format of the lessons. Our greatest thanks go to **OUR STUDENTS**, who have been our inspiration over the last 24 years. These materials have grown and developed in direct response to their joy and enthusiasm in learning this way. We wish you the same enthusiasm and joy.

ALLGEMEINE RICHTLINIEN
ZUR AUSFÜHRUNG JEDER FOLGE

> Die Geschicklichkeit des Lehrers liegt darin,
> Erfahrungen in solcher Weise darzustellen,
> daß der Erfolg der Studenten gewährleistet
> wird.
>
> Keith Johnstone
> *Impro: Improvisation and the Theatre*

Diese Richtlinien sind dazu bestimmt, bei Erwachsenen, Universitätsstudenten und bei Schülern der High School benutzt zu werden. Wir erkennen die Tatsache an, daß es zahlreiche Möglichkeiten gibt, diese Kapitel zu präsentieren. Einige der anderen Möglichkeiten werden im zweiten Kapitel von *TPR Is More Than Commands-At All Levels* (Seely und Romijn, 1995) beschrieben. Eine der Möglichkeiten wird unten auf den Seiten XXXV-XXXVI dargestellt. Es ist die Herangehensweise, die Berty Segal Cook (auch bekannt unter Berty Segal) für den Unterricht in Grundschulen und Sekundarschulen vorschlägt. Die folgenden Richtlinien haben wir bei den Studenten in unseren Anfangsklassen angewandt. Mit fortgeschritteneren Studenten haben wir die Reihenfolge der Schritte verändert, um die rezeptiven Stufen weniger zu betonen.

Sie werden feststellen, daß es zwei Formen der Anrede in jeder Lektion gibt — eine *Sie* Form und eine *du* Form. Sie können wählen, welche Form für ihre Klasse zutrifft. Im allgemeinen ist es am besten, eine gewisse Zeit lang dieselbe Form zu benutzen. Und man sollte nur eine Form in einer Unterrichtsstunde gebrauchen. Um Verwirrung zu vermeiden, sollte man die zwei Formen nicht gleichzeitig lehren, d.h. eine Form sollte solange geübt werden, bis sie sich eingeprägt hat — was eine Weile dauern kann. Bis Ihre Studenten verhältnismäßig fortgeschritten sind, raten wir dazu, nur die Singular-Form der Anrede in ihrer Lektion zu gebrauchen, auch dann, wenn man die Befehle der ganzen Klasse gibt. Handeln Sie so, als würden Sie jeden Studenten einzeln ansprechen. Andernfalls könnte es passieren, daß die Studenten die Pluralform mit der Singularform verwechseln, wenn sie in der ausdrucksreichen Phase der Lektion sprechen (Schritte 5-7 unten).

Das Ziel dieser Richtlinien ist es, daß jeder Student in der Lage sein soll, nach relativ kurzer Zeit eine angemessene Aussprache und ein ausreichendes Verständnis der Sprache in den Befehlsserien zu demonstrieren, indem ein anderer Student dazu aufgefordert wird die Befehle auszuführen und dieser umgekehrt auch in der Lage sein soll, auf die Befehle eines anderen zu reagieren. Die ersten 6 der folgenden Schritte werden als **eine Methode benutzt, die Studenten darauf vorzubereiten, effektiv und unabhängig in der ersten und letzten Stufe zu arbeiten.**

XVIII

A. REZEPTIVE STUFE: ZUHÖREN

   1. Vorbereitung (1-2 Minuten)

   2. Erste Vorführung der Serie (1-2 Minuten)

   3. Gruppenvorführung (2-3 Minuten)

B. REZEPTIVE STUFE: LESEN (EINSCHLIEßLICH ABSCHREIBEN)

   4. Lesen (und abschreiben) (2-10 Minuten; der Zeitaufwand hängt sowohl davon ab, ob die Studenten abschreiben müssen, als auch davon, wie alt sie sind und wie fortgeschritten ihre Schreibkünste sind).

C. AUSDRUCKSSTUFE: SPRECHEN

   5. Mündliche Wiederholung und Frage- und Antwortperiode (5-10 Minuten)

   6. Studenten sprechen /andere Personen antworten (5-10 Minuten)

   7. Zusammenarbeit der Studenten in Paaren (5-10 Minuten)

Die ersten sechs Schritte sind nur Vorschläge und können verändert und ausgewechselt werden. Sie können experimentieren und **anwenden, was notwendig ist, um die Studenten angemessen auf Schritt 7 vorzubereiten.**

Falls die Zeit in einer Unterrichtsstunde nicht ausreicht, fangen Sie am Anfang der nächsten Stunde wieder an. Die Wiederholung wird schneller gehen und vereinfacht die gestellten Aufgaben für jeden.

Eine detaillierte Beschreibung jeder der vorgeschlagenen Verfahren folgt.

VORBEREITUNG DER HILFSMITTELN

Diese Lektionen sind dazu gedacht, mit Hilfsmitteln verwendet zu werden. Falls Sie noch nie Hilfsmittel benutzt haben, mag sich die Frage stellen, ob es sich lohnt, die Zeit zu nehmen, um sie zu beschaffen und vorzubereiten. Wir haben festgestellt, daß sie sehr wertvoll sind, nicht nur, weil sie Spaß machen, sondern weil sie Hörverständnis und Gedächtnis fördern. Beziehen Sie sich auf die auf den Seiten 138-143 angegebenen Liste von Hilfsmitteln, die notwendig für jede Lektion sind, und stellen Sie sie zusammen, bevor Sie mit einer bestimmten Serie zu arbeiten beginnen. Falls es nicht möglich ist, ein bestimmtes Hilfsmittel zu bekommen, können Sie es in den meisten Fällen durch etwas Ähnliches in Form und Größe ersetzen. (Für weitere Anregungen zu den Hilfsmitteln siehe *The Command Book* von Stephen Silvers (Los Gatos, Calif.: Sky Oaks Productions, 1988); für Ideen über bestimmte Zeichnungen schlagen Sie im *Chalk Talks* von Norma Shapiro und Carol Genser nach (Berkeley, CA: Command Performance, 1994); beide Bücher sind nur auf Englisch erhältlich.).

Die Darstellung soll realistisch und offensichtlich sein. Für jüngere Studenten und Anfänger jeden Alters ist es besonders wichtig, daß die Sprache ein Ereignis ist, das die Muskeln und Sinne gleichermaßen einschließt. Diese Art der Erfahrung einer Situation macht einen starken Eindruck und verbindet die Worte mit etwas Wirklichem, was das Lernen leichter, wirkungsvoller und erfreulicher für den Studenten macht.

Hilfsmittel oder »Props« sind nur eine der Möglichkeiten, mit denen die Bedeutung des Gesagten den Studenten dargestellt werden kann. Gehen Sie die Lektion durch und überlegen Sie, wie sie jede Einzelheit der Serie einer zugedachten Klasse von Studenten beibringen könnten. Einige Studentengruppen werden eine mehr in Einzelheiten gehende Darstellung benötigen als andere. Gewisse Sätze werden mehr oder weniger Aufmerksamkeit bei verschiedenen Gruppen benötigen; das hängt von dem Niveau und der Muttersprache der Studenten ab.

A. REZEPTIVE STUFE: ZUHÖREN

1. VORBEREITUNG und Einführung in die Lektion

Legen Sie die Hilfsmittel vor die Studenten. Das kann entweder zu Beginn des Unterrichts sein, oder während die Studenten andere Arbeiten beenden, oder sogar bei voller Aufmerksamkeit. Bei einigen Serien kann sich das auf das Hinlegen einiger Hilfsmittel beschränken. Manchmal kann auch improvisiert werden mit etwas, das schon im Klassenzimmer vorhanden ist. Zum Beispiel können in der Serie »Reisescheck« (S. 70-71) die Streben in einer Stuhlrückenlehne oder ein Rolladen als Verkaufsfenster benutzt werden. Oder der Gang kann zu einer Verkehrsstraße werden oder zu einem Sprungbrett. In anderen Serien brauchen Sie eventuell eine Zeichnung eines gewissen Raumes oder einer Szene (kommerziell hergestellt, aus einer Zeitschrift ausgeschnitten oder von einem Studenten oder von Ihnen selbst an die Tafel gemalt), wie in der Straßenszene »Einen Mantel kaufen« (S. 22-23), oder wie in der Telephonzellenszene in »Eine Telephonzelle benutzen« (S. 60-61) oder in der Kaminszene in »Ein Feuer machen« (S. 94-95). In anderen Szenen jedoch, wie z. B. in »Ein Arzttermin« (S. 118-119) und in »Haarschnitt« (S. 86-87) wird man einen Studenten für kleinere Rollenspiele benutzen und sie als Rezeptionist, Krankenschwester, Doktor, Friseur usw. vorstellen müssen.

Sie sollten darüber sprechen, was sie tun wollen, um die Serien so natürlich wie möglich einzuführen. Zum Beispiel könnten bei »Sich die Hände waschen« (S. 2-3) Bemerkungen wie die folgenden benutzt werden: »Jetzt wasche ich mir die Hände« oder, während Sie auf Ihre Hände sehen, »Ach, sehen Sie; meine Hände sind schmutzig« (vielleicht sind sie es wirklich, von etwas Anderem, was sie vorher getan haben). Dann fragen Sie, während Sie jeden Gegenstand hinlegen, ob jemand weiß, wie der Gegenstand heißt. Halten Sie die Seife hoch und fragen Sie: »Wie heißt das?« und wiederholen Sie es mit dem Handtuch und dem Hahn. Falls jemand die Wörter *Waschbecken* und *Badezimmer* versteht, weisen Sie darauf hin, daß Sie sich im Badezimmer oder am Waschbecken befinden.

Falls Ihre Klasse klein ist, können Sie sogar bei der ersten Vorführung zu einem wirklichen Waschbecken gehen.

2. DIE ERSTE VORFÜHRUNG DER SERIE

Bitten Sie nun die Klasse, Ihnen ihre volle Aufmerksamkeit zu schenken und nicht mehr zu reden: »Schauen Sie zu, und hören Sie zu. Wiederholen Sie nicht!« *An dieser stelle ist es wichtig, daß jeder aufmerksam die Handlung verfolgt.*

Falls ein Student, ein Assistent oder ein Besucher anwesend ist, der einige oder alle Befehle in einer Serie versteht, so können Sie diese Person dazu einladen, das Lesen der Serie (mit einer Fülle von Ausdrücken!) auszuführen. Falls solche eine Person nicht vorhanden ist, führen Sie die Handlung das erste Mal selbst aus. Nehmen Sie sich genügend Zeit, bis jede Handlung vollständig verstanden ist. Falls Sie nicht sicher sind, ob jeder den Vorgang verfolgt hat, wiederholen Sie es ein oder zweimal mit derselben Person, oder jedes Mal mit einer anderen. Für einige Handlungen werden Sie Pantomimen benutzen müssen.

3. GRUPPENVORFÜHRUNG

Danken Sie Ihren Vorführern und wenden Sie sich an die ganze Klasse mit: »Jetzt waschen Sie sich die Hände.« Sie können sogar damit beginnen: »Schauen Sie Ihre Hände an! Sie sind schmutzig! Ach! Drehen Sie das Wasser an! usw.«

Sie werden möglicherweise noch einmal die Klasse daran erinnern müssen, während der Vorführung nichts zu wiederholen und nicht zu sprechen. Jetzt werden sie mit dem ganzen Körper auf die Imperative antworten, indem sie die Worte als authentisches Gespräch erfahren, mit ihren Muskeln lernen und die Sprache lebendig erfassen. Meistens hat nicht jeder Student die Gelegenheit, jedes Objekt der Serie in der Hand zu halten. Trotzdem können sie die Handlungen, die sie nicht wirklich ausführen können, simulieren. Viele Leute brauchen hier etwas Nachhilfe. Falls jemand das Wasser nicht andreht, könnten Sie dieser Person den Wasserhahn reichen und wiederholen: »Bitte, drehen Sie das Wasser an!« Falls einige Leute sich die Hände nicht waschen, könnten Sie fragen: »Wo ist Ihre Seife?« Falls einige Leute sagen, sie brauchen diese Dinge nicht, weil sie sie schon verstehen, sagen Sie ihnen, daß obwohl bloßes Verstehen natürlich wichtig ist, es doch nicht genug ist, und daß sie die Wörter viel besser *behalten*, wenn sie sie wirklich erfahren und begreifen, indem sie *die Handlungen durchführen.*

Einige Erwachsene könnten am Anfang ein wenig zurückhaltend sein, weil sie meinen, daß diese Pantomimen kindisch sind. Unsere Erfahrung hat jedoch gezeigt, daß Studenten nach der ersten Lektion anders denken, weil sie sehr

XXI

schnell begreifen, wie leicht und wieviel sie lernen. Sogar fortgeschrittene Studenten lernen bei fast jeder Serie einige neue Wörter und neue Anwendungen.

Beachten Sie bitte: es ist ratsam Schritt 3 mehrere Male bei verschiedenen Gelegenheiten durchzugehen, um den Studenten genügend Zeit zu geben, sich die Serie besser einzuprägen, bevor sie sie lesen und sie mündlich wiedergeben. Je niedriger die Lernstufe, desto wichtiger ist es, diesen Schritt mehrere Male zu wiederholen.

B. REZEPTIVE STUFE: LESEN (EINSCHLIEßLICH ABSCHREIBEN)

Die ersten drei Schritte des Vorgehens sind die Zuhör- oder Aufnahmephase. Der vierte Schritt ist Lesen und Schreiben. Im allgemeinen sollten Studenten nicht zum Lesen und Schreiben übergehen, bevor sie auf die Sprech- und Ausdrucksstufe ausreichend vorbereitet sind, wie es im Schritt 5 bis 7 erklärt wird. *Es gibt zwei Hinweise darauf, ob die Studenten auf den nächsten Schritt vorbereitet sind.:*

1. Ungehemmt den Befehlen zu folgen

2. Die Fähigkeit, nach dem Lehrer ohne Schwierigkeit zu wiederholen.

4. LESEN (UND ABSCHREIBEN)

Wenn alle Studenten ohne Zögern der Lektion folgen können, legen Sie eine vergrößerte Kopie aus. Dies kann durch einen wiederverwendbaren Poster oder auf der Tafel erreicht werden, oder Sie können auch einen »Overhead«-Projektor benutzen. *Die Lektion sollte im ganzen Klassenzimmer leicht lesbar sein.* Lassen Sie dann alle Studenten in ihren Heften die Lektion abschreiben. Als Zugabe oder anstatt einer großen Vorlage könnte auch jeder Student eine Kopie der Textseiten benutzen. Diese Aufgabe kann sehr nützlich sein, besonders für jüngere Studenten und Anfänger. Dies ist die erste Lese- und Schreibübung.

Nachdem jeder eine Kopie hat, lesen Sie die Lektion den Studenten vor, während diese den Text nur verfolgen und zuhören. *Lassen Sie sie noch nicht wiederholen nach diesem ersten Lesen.* Fragen Sie sie, ob sie irgendwelche Fragen zur Bedeutung des Gelesenen haben. *Beantworten Sie diese Fragen eher mit Bewegungen als mit Übersetzungen.*

BITTE BEACHTEN SIE: Die große Kopie ist von jetzt ab sehr nützlich, weil es leichter ist, auf einzelne Wörter oder Sätze hinzuweisen. Sie hilft auch, eine Verbindung zwischen den Studenten und dem Lehrer und zwischen den Studenten zu erhalten, anstatt sie auf ihre Papiere oder Bücher zu verweisen und sie somit zu isolieren.

C. AUSDRUCKSSTUFE: SPRECHEN

5. MÜNDLICHE WIEDERHOLUNG und FRAGE- UND ANTWORTPERIODE

Als nächstes lassen Sie die Studenten jede Zeile nach Ihnen wiederholen; nehmen Sie sich die Zeit, um einige Wörter hervorzuheben und zu üben, die besonders schwierig auszusprechen oder zu verstehen sind. *Sehen Sie zu, daß jeder Student Ihre Aussprache voll verstehen kann.* Falls dem nicht so ist, wird der Student Schwierigkeiten mit der Aussprache haben.

Falls es der Klasse schwer fällt, etwas auszusprechen, sollten Sie zur Aufnahme- und Erinnerungsstufe zurückkehren und noch mehr individuelle (Schritt 2) oder Gruppenvorführung (Schritt 3) wiederholen, bevor Sie sie wieder nachsprechen lassen. Es kann auch ein Zeichen dafür sein, daß die Gruppe auf einer zu niedrigen Lernstufe ist, um mit der von Ihnen gewählten Folge zu arbeiten. In diesem Fall schauen Sie unter dem Titel »Gebrauch dieses Buches bei Anfängern ohne Vorkenntnisse« auf Seite XXXIII nach.

Lassen Sie den Studenten viel Zeit, die Serie anzuschauen und Fragen zu stellen.

6. STUDENTEN SPRECHEN / ANDERE PERSONEN ANTWORTEN

Nun fragen Sie einen Freiwilligen, oder wählen Sie einen Studenten und sagen Sie ihm, daß er Ihnen die Befehle geben soll. Oder, da jede Zeile numeriert ist, bitten Sie verschiedene Studenten eine oder zwei numeriete Zeilen zu lesen. Falls Sie einen Freiwilligen wählen, bedenken Sie, daß wahrscheinlich einige Studenten sich niemals freiwillig melden werden. Deshalb ist es manchmal besser, die Leser selbst *auszuwählen.*

Diese Übung bietet Ihnen die Gelegenheit, auf Schwierigkeiten in der Aussprache einzugehen. Gewöhnlich hat nicht nur ein Student Probleme mit der Aussprache. Deshalb haben Sie jetzt Gelegenheit noch weitere Ausspracheübungen zu machen. Passen Sie auf, daß die Studenten gut verstehen. Dies ist für gute Aussprache wesentlich.

Als nächstes könnten Sie einen Studenten die Befehle vor der Klasse oder im Sitzen ausführen lassen, während ein anderer Student liest. Es könnte vorkommen, daß ein Anfänger oder weniger aufnahmebereiter Student dabei ist, der dem Sprachverlauf nicht zu folgen scheint. Dies ist eine günstige Gelegenheit, herauszufinden, ob der Student nur etwas schüchtern ist, oder verwirrt auf die Methode reagiert, oder ob er/sie wirklich nicht versteht, was gesagt wird. In jedem Fall kann das Problem wahrscheinlich behoben werden, indem der Student den Befehlen eines anderen folgt, mit einigen ermutigenden Worten von Ihnen.

Sie können sogar mehrere Studenten dazu ermutigen, Ihnen die Befehle zu geben oder sogar der ganzen Klasse. Hier sollte darauf aufmerksam gemacht werden, daß es Ihr Ziel ist, die Studenten so vorzubereiten, die Serie unbeaufsichtigt auszuführen. Ob Sie voranschreiten können, oder Schritt 5 und/oder 6 einige Male wiederholen, hängt von der Aussprache der Studenten ab und von ihrer Fähigkeit, körperlich zu reagieren.

7. ZUSAMMENARBEIT DER STUDENTEN IN PAAREN

Wenn Sie meinen, daß die Studenten mit der Sprache der Serie gut vertraut sind (Verstehen, Antworten, Aussprechen), bitten Sie sie in Paaren oder zu dritt zu üben. Ein Student spricht (oder liest) und die anderen hören zu oder führen die Befehle aus. Dadurch wird jeder Student selbst die Kraft des gesprochenen Deutsch erfahren und durch die Ausführung seiner/ihrer Befehle durch einen anderen erkennen, daß etwas mitgeteilt wird, was tatsächlich passiert.

Sie können die Gruppen selber bilden, um größere Lernmöglichkeiten zu bieten, oder die Klasse kann ihre eigenen Gruppen oder Paare bilden. Sehen Sie zu, daß jeder mindestens einen oder zwei Partner hat.

Dies gibt dem Lehrer Zeit, mit den Studenten individuell zu arbeiten. Sie können die Lektion und ihre Ausführung beurteilen, wie die einzelnen die Situation handhaben und den Fortschritt des Einzelnen. Sie sind dann nicht mehr der Direktor, sondern mehr der Coach oder Helfer. Gehen Sie von Gruppe zu Gruppe und hören Sie den Studenten zu. Sie sollten behilflich sein, indem Sie Fehler korrigieren und die Aussagen der Studenten unterstützen und ihnen zustimmen. Zögernde Studenten sollten ermutigt werden, zu üben (Sie können ihnen sagen: »Es hilft Ihrem Gedächtnis.«). Sehen Sie zu, daß jeder Student wenigstens zweimal die Serie durchgeht — einmal Befehle gebend, einmal sie ausführend. (Es sei denn, es wären Studenten, die noch nicht bereit sind, zu sprechen; diese sollten mit fortgeschritteneren Studenten gepaart werden und sollten nur mit dem Körper antworten.) Fortgeschrittenere Studenten oder jene, die diese Serie schon behandelt haben, können ermutigt werden, ohne auf die Kopie zu schauen, Antwort zu geben. Beantworten Sie die Fragen von Studenten, die sich gescheut haben, Fragen vor der Gruppe zu stellen.

Es lohnt sich, einen Studenten zu wählen, der mit der Methode vertraut ist, um einem neuen Studenten zu helfen. Jedoch ist es manchmal besser, daß Sie mit einem neuen Studenten individuell arbeiten, körperlich die ganze Serie durchzugehen, um ihm zu zeigen, wie es gehandhabt wird.

Normalerweise werden einige Studenten mehr Hilfe als andere in der Zeitaufteilung der Aufgaben benötigen. Diejenigen, die die ganze Zeit benötigen, um die Lektion abzuschreiben, oder die sich umschauen und die Wörter übersetzen, tun dies vielleicht, weil sie nicht wissen, was sie anderes machen könnten. Betonen Sie, daß diese Sachen zu Hause gemacht werden könnten, und daß die Zeit hier mehr für mündliche Übung und konkrete Ausführung benutzt werden sollte.

Lassen Sie jedoch die Studenten auf ihre eigenen Einfälle oder Ideen eingehen. Sie werden über die Vielfalt der Reaktionen überrascht sein. Je mehr Freiheit Sie ihnen gewähren, desto mehr wird zustandekommen. Hinzu kommt, daß eine Handlung, die Sie eventuell als unnötig oder sogar gegen das Ziel der Übung zu laufen scheint, tatsächlich einen wichtigen Zweck für die beteiligten Studenten erfüllt. Jeder Mensch hat seinen eigenen Lernstil. Es ist z.B. bei jedem Menschen verschieden, wie sich etwas in seinem Gedächtnis festsetzt. Ob und wie etwas aufgenommen und gelernt wird, wird von jedem verschieden beurteilt. Geben Sie den Studenten genügend Zeit, Ungelöstes zu klären. Und halten Sie Augen und Ohren offen. Ihr Einfühlungsvermögen in die Situation kann einigen Studenten durchaus helfen und kann Ihnen zeigen, wie Sie andere Serien besser handhaben können. Wenn die Studenten mit dem Üben in Paaren fertig sind, sollen sie sich in der großen Gruppe wieder treffen. Ermutigen Sie die Studenten, indem Sie betonen, wie viel sie geleistet haben. Zum Schluß könnten schwierige Wörter oder Satzteile — oder die ganze Serie — wiederholt werden.

Sie können die Serie zu jeder Zeit wiederholen. Im allgemeinen werden Sie feststellen, daß die Serien einfacher ist als andere Übungsarten das Behalten fördern. Durch die Wiederholung wird das Gelernte sich noch besser einprägen.

Diese manchmal leicht variierten Übungen sind nützlich, um die Studenten auf andere Arten von Arbeit in Gruppen und in Serien vorzubereiten. Viele Lehrer, die diese Methode in der Vergangenheit zum ersten Mal anwandten, waren nicht immer erfolgreich bei der Gruppenarbeit. Die Hauptschwierigkeit war, daß die Studenten nicht genügend vorbereitet waren. Wenn Sie die oben beschriebenen Richtlinien anwenden, werden die Studenten ausreichend vorbereitet sein.

GENERAL PROCEDURES FOR
ENACTING EACH SERIES

> The teacher's skill [lies] in presenting
> experiences in such a way that the
> student [is] bound to succeed.
>
> Keith Johnstone
> *Impro: Improvisation and the Theatre*

These procedures are intended to be used with adults, with college students and with secondary school students. However, we recognize that there are numerous ways to present these lessons. Some of the other ways are described in Chapter 2 of *TPR Is More Than Commands—At All Levels* (Seely and Romijn, 1995). One of these ways is given below on pages *XXXVIII-XXXIX*. It is the way that Berty Segal Cook (a.k.a. Berty Segal) suggests for use with elementary and secondary school classes. The procedures that follow are the ones that we have used with our beginning students. With more advanced students we have varied the order of the steps in order to de-emphasize the receptive stages.

You will notice that there are two versions of each lesson—one with the *Sie* form and one with the *du* form. You may choose whichever form is more appropriate for your class. Generally it is best to use the same form over a period of time. And you should use only one form in a class session. To avoid confusion don't mix the two forms until one of them has been firmly acquired—which may take quite a while. Also, unless your students are relatively advanced, we would advise you *not* to use the plural forms in a lesson even when giving commands to the whole class. Pretend that you're talking to each student individually. Otherwise they are likely to confuse the plural with the singular form when they speak in the expressive stage of the lesson (steps 5-7 below).

The **final objective** of these procedures is for each student to be able to demonstrate his/her adequate pronunciation and comprehension of the language of the series at hand by telling another student to perform it and, conversely, to be able to respond physically to another person's delivery of the commands. The first six of the following steps are used as **a method of preparing students to be ready to work effectively and independently in the seventh and final step:**

A. RECEPTIVE STAGE: LISTENING

1. Setting up (1-2 minutes)

2. Initial demonstration of series (1-2 minutes)

3. Group live action (2-3 minutes)

B. RECEPTIVE STAGE: READING (AND SOME WRITING)

4. Written copy (2-10 minutes, depending on whether or not students must copy it and also on the writing skills and age level of the students)

C. EXPRESSIVE STAGE: SPEAKING

5. Oral repetition and question/answer period (5-10 minutes)

6. Student(s) speaking/other person responding (5-10 minutes)

7. Students all working in pairs (5-15 minutes)

The first six steps are only suggestions and can be changed or alternated. You may experiment and **do whatever you find necessary to properly prepare students for step seven.**

If you ever run out of time during a class session, start at the beginning again at the next session. The review will go faster and make things easier for everybody.

A detailed description of each of the suggested procedures follows.

BEFOREHAND—PREPARING REALIA

These lessons are specifically intended to be used with props. If you have never used props before, you may question the value of spending the time to gather and prepare them. We have found that they are invaluable not only as a source of fun but as an aid to comprehension and retention. See the list of props necessary for each lesson on pp. 144-48, and assemble the props you need before you begin working on a particular series. If you can't manage to come up with an appropriate prop, you can sometimes improvise by using something similar in shape and size. (Regarding props see also *The Command Book* by Stephen Silvers (Los Gatos, CA: Sky Oaks Productions, 1988); for help and ideas on making simple drawings, see *Chalk Talks* by Norma Shapiro and Carol Genser (Berkeley, CA: Command Performance, 1994); both books are in English only.)

The presentation should be realistic and obvious. For younger students and lower level students of all ages, this is especially true, so that the language will really be about a "happening" which is affecting the students' muscles and their senses. Totally experiencing the situation makes a strong impression and connects the words to something real, making learning much easier, more effective and more enjoyable for any student.

Props will be just one of various ways in which you will make meaning clear to the students. Go over the series, thinking about just how you will present each bit of the series to the particular class you intend to use it with. Some groups will require a more thorough presentation than others. Certain items may require greater or less attention with some classes—due to the level of the class or to similarities and differences between the first language of the learners and German.

A. RECEPTIVE STAGE: LISTENING

1. SETTING UP and Working Into the Series

Set up your situation in front of the students' eyes—as they are assembling at the beginning of class, or as they are finishing up some other work, or even with their full attention. For some series this will only involve laying out some props. Sometimes you can improvise with whatever is available. For example, in "Reisescheck" (pp. 70-71) the rungs in the back of a chair or a Venetian blind may serve as the teller's window. Or an aisle can be a city street or a diving board. In other series you may need an illustration of a certain room or scene (commercially produced, cut from a magazine, or simply drawn by a student or yourself on the board), such as the downtown street in "Einen Mantel kaufen" (pp. 22-23), the phone booth in "Eine Telephonzelle benutzen" (pp. 60-61) or the fireplace in "Ein Feuer machen" (pp. 94-95). In still others, such as "Ein Arzttermin" (pp. 118-19) and "Haarschnitt" (pp. 86-87), you'll need to recruit some students for minor roles and introduce them as the receptionist, the nurse, the doctor, the barber, etc.

Talk about what you are doing in order to work into the series naturally and casually. For example, for "Sich die Hände waschen" (pp. 2-3) you might make remarks such as: "Jetzt wasche ich mir die Hände" or, looking at your hands, "Ach, sehen Sie; meine Hände sind schmutzig" (maybe they really are, from something else you've been doing). Then, as you set out each object, ask if anyone knows its name. Hold up the soap and ask, "Wie heißt das?" and repeat with the towel and the faucet. If anyone would understand the words *Waschbecken* and *Badezimmer*, indicate that you are in the bathroom or at the sink. If your class is small, you may even go to a real sink for the initial demonstration.

2. INITIAL DEMONSTRATION OF SERIES

Now ask the class not to talk any more: "Schauen Sie zu, und hören Sie zu! Wiederholen Sie nicht!" *It is essential that everyone be paying attention to the action now.*

If you have a student who might understand some or all of the commands in the series, or an aide or a visitor, have that person respond physically to your reading (with *loads* of expression!) of the series. If no such person is available, demonstrate the action yourself the first time. Take plenty of time to make sure each action is fully understood. If you're not sure that everyone followed it, repeat it once or twice, using the same "performer" again, or a new one each time. You or the performer(s) may have to use pantomime for some actions.

3. GROUP LIVE ACTION

Thank your performer and address the entire class with: "Jetzt waschen Sie sich die Hände." You might even begin with: "Schauen Sie Ihre Hände an! Sie sind schmutzig! Ach! Drehen Sie das Wasser an! usw."

You will probably have to ask again that no one repeat or talk at all during this time. Now they are to respond physically to the imperatives, experiencing the words as real communication, learning with their muscles, *living* the language. Usually not every person has every object in the series. So they can pantomime the actions which they cannot actually perform. Many people need some prodding at this point. If someone does not turn the water on, you might hand that person the faucet and repeat, "Bitte, drehen Sie das Wasser an!" If some people don't wash their hands, you might ask, "Wo ist Ihre Seife?" If some people say they don't need to do these things because they already understand them, tell them that although understanding is of course necessary, it's not enough, that they will *remember* the words much better if they *experience* them.

Some adults may even be a little insulted at first, feeling that these little pantomimes are childish. However, we have rarely seen any students continue to feel this way after one lesson, because they realize very quickly how much they are learning and how easily. Even advanced students learn some new words and usages in most series.

Note especially: It is advisable to go through step 3 several times on different occasions (thereby allowing students to thoroughly internalize the series) before they read it and produce it orally. The lower the level of the class, the more times it is necessary to do this.

B. RECEPTIVE STAGE: READING (AND SOME WRITING)

The first three steps in the procedures are the listening or receptive stage. Step 4 is reading and writing. Students generally should not proceed to reading or writing until they are ready for the speaking or expressive stage, which is steps 5 to 7. *There are two keys to readiness to proceed:*

1. Unhesitating facility in responding physically to the commands

2. The ability to repeat easily after the teacher

4. WRITTEN COPY

When all the students can respond physically without hesitation to the lesson, display a large copy of it. You may put it on a reusable poster or on the chalkboard, or you may use an overhead projector. *Make sure the lesson is easy to read from anywhere in the classroom.* Have all the students copy the entire lesson in their notebooks. In addition to or instead of using the large copy, you may have each student use a copy of the textbook. Copying the lesson can be useful in itself, especially for younger and low-level students. This is an early-stage reading and writing exercise.

After everyone has a copy, read it to them while they listen and follow only. *Do not have them repeat after you during this first reading.* Then ask if they have any questions about the meaning. *Try to answer these questions with motions rather than translations.*

PLEASE NOTE: The large display copy is very useful from this point on, because it allows you to point out individual words and phrases. It also helps by keeping the students in touch with the teacher or with their partners instead of buried in their papers or books.

C. EXPRESSIVE STAGE: SPEAKING

5. ORAL REPETITION AND QUESTION AND ANSWER PERIOD

Next have the students repeat each line after you, taking plenty of time to go over individual words which are particularly difficult to pronounce or understand. *Make sure every student can hear your pronunciation fully.* If s/he can't, s/he won't be able to pronounce well.

If the class is really struggling to pronounce, you should return to the receptive stage and do more individual (step 2) and group (step 3) live action before getting them to repeat after you again. Or, this may be an indication that the group is at too low a level to deal with the particular sequence you are doing with them. In this case, look at the suggestions in the section entitled "Using This Book with Very Low Beginners" on page *XXXIV*.

Give the students some extra time to look over the series and ask more questions.

6. STUDENT(S) SPEAKING/OTHER PERSON RESPONDING

Now ask for a volunteer, or choose a student, to tell *you* to do the entire series. Or, since each line is numbered, assign several individuals a line or two by number. If you only take volunteers at this point, probably some students will never read, so it is best to *choose* readers, at least sometimes.

This is a good opportunity for you to hear pronunciation problems. Generally, if one student has a problem pronouncing a certain word or phrase, there are others too, and this means more group practice is needed. Make sure the students hear well. This is the first essential for good pronunciation.

Next you may want to have one student do the physical responses in front of the class or at his or her desk as another student reads. There may be a new student or less responsive student who doesn't seem to be following the language. This is a good time to find out if this is just shyness, or confusion about the new method, or if indeed s/he doesn't understand what is being said. Whatever the problem is, it can probably be ironed out as that student follows the other's commands, with some encouraging prompting from you.

You may want to have more students tell you or the whole class to do the series. Remember that what you're doing is preparing them to do the series unsupervised. Whether or not you go on or repeat steps 5 and/or 6 a few times depends on how the students are sounding and responding.

7. STUDENTS ALL WORKING IN PAIRS

When you feel that the students are clear enough on the language of the series (comprehending, responding, pronouncing), ask them to work in pairs or threes, one telling (or reading) and the other(s) listening and responding physically. In doing so, each student will experience the power of actually speaking German and having his or her commands acted upon by another person, thus truly communicating in German about something which is actually occurring.

You may form the groups yourself to allow greater learning opportunities, or you may let the class form its own pairs or threes. Make sure everyone has a partner (or partners).

This also frees the instructor to work individually with students. You can evaluate the lesson, your presentation of it, the students' grasp of it and individual progress. Your job now changes from director to aide. Go around the room listening, helping, correcting, approving, encouraging reluctant students to practice (You may tell them, "Es hilft Ihrem Gedächtnis."). Make sure every student goes through the series at least twice—once telling, once responding (except for students who are not yet ready to speak; they should be paired with more advanced students and should respond only). More advanced students, or those who have done this series before, can be encouraged to try it without looking at the copy. Answer questions people may have been too shy to ask before the group.

It is helpful to get a student who is used to working this way to break in a new student. However, occasionally new students may need to have *you* work individually with them, physically going through the entire series, as an example of the way you mean for them to work.

Usually some students will need more guidance than others on how to use this time. People who spend the whole time recopying the lesson or looking up and translating words may be doing so simply because they don't know what else to do. Point out that these are things that can be done at home, and that this time is basically for oral practice and realistic response.

However, do let the students follow their own impulses. You will be surprised at the large variety of things different people will work on at this time. The more freedom you give them, the more that will happen. Furthermore, some of the activities that may seem irrelevant or even counterproductive to you, may in fact be serving some important purpose for the students involved. Different people have different ways of learning, of fixing things in their minds, and of checking their own comprehension and mastery of what has just transpired. Give them enough time to tie up the loose ends as they see them. And keep your eyes and ears open. Your sensitivity to the situation can help some individuals immensely and can help you know how to deal better with other series. When the students finish practicing, call them to order and congratulate them on doing a good job. You may have the class repeat difficult items after you—or the whole series—one last time.

You may review a series at any time. Generally you will find retention notably better than with other types of exercises. And the review will improve it even more.

These procedures are useful, with minor adaptations, to prepare students to do other kinds of work in pairs, as well as series. Many teachers have been unsuccessful in their previous attempts at having students work in pairs. The main source of difficulty is that the students have not been adequately prepared. Using the above procedures, students *are* properly prepared.

XXXII

GEBRAUCH DIESES BUCHES BEI ANFÄNGERN OHNE VORKENNTNISSE

Bei reinen Anfängern schlagen wir vor, eine vereinfachte Version des eben dargestellten Richtlinien (S. XVIII bis XXV) zu benutzen. Unter »reinen Anfängern« verstehen wir diejenigen Anfänger, die die erste Begegnung mit der deutschen Sprache haben, und die praktisch keine Erfahrung jeglicher Art mit dem Deutschen haben. Solche Anfänger profitieren davon, eine Zeitlang Deutsch zu hören und die Sprache in ihrem Kontext zu erfahren, bevor sie zum Sprechen ermutigt werden sollten.

Hier sind einige Hinweise, wie man Anfängern das Deutschlernen erleichtern kann:

1. Benutzen Sie nur die ersten drei Schritte der Richtlinien, mit zahlreichen Wiederholungen der Serien, bevor die Anfänger ermutigt werden, überhaupt etwas in irgendeiner Serie zu sagen. Auf diese Weise werden sie das Material durchgehend verstanden haben, bevor sie sprechen, und sie werden es leichter haben, wenn sie es endlich sprechen.

2. Vereinfachen Sie die Serien (siehe »Erfinderische Abwandlungen«, Nr. 2, auf Seiten XLI-XLII) oder führen Sie die ersten 3 Schritte (die Aufnahmephase) im Ganzen ein, dann fangen Sie wieder an, wählen eine vereinfachte Version der Serie aus und gehen dieses Mal alle 7 Schritte durch.

3. Wählen Sie einige einfachere Befehle von verschiedenen Serien und arbeiten Sie mit diesen eine Zeitlang, während die Studenten zuhören und mit ihrem Körper antworten. Sie können Kombinationen benutzen, indem Sie verschiedene Hauptwörter durch verschieden Verben ergänzen, so wie in Nr. 5 auf Seite XLII.

4. Bereiten Sie *sehr* kurze Handlungsdialoge vor und stellen Sie sie dar. (Siehe Seite XLIII, Nr. 10). Achten Sie darauf, daß jeder Student ausreichend vorbereitet ist, bevor er/sie selbst den Dialog ausführt. Das heißt a) der Student hat dem Dialog im Zusammenhang mehrere Male aufmerksam zugehört und b) hat präzise, natürliche (jedoch *nicht* schnelle) Aussprache mehrere Male vor der Nachahmung gehört.

USING THIS BOOK WITH
VERY LOW BEGINNERS

With very new learners of German, we suggest you *not* begin by using the full procedures given on pages *XXVI* to *XXXII*. By "very low beginners" we mean learners who are *really new* to German, who have virtually no experience of any kind with German. Such learners may need to hear and experience German in a meaningful context for a considerable period of time before they are encouraged to speak it at all.

Here are some ways to ease new learners into German:

1. Do only the first three steps of the procedures, going over numerous series several times each before you ever encourage the learners to say anything in any series. This way they will internalize the material very thoroughly before speaking it and will be very comfortable with it when they finally do say it.

2. Simplify the series considerably (see number 2 in "Creative Adaptations" on page *XLIV*). Or do the first 3 steps (the receptive stage) in full; then start over, using a simpified version of the series; this time do all 7 steps.

3. Choose some of the simpler commands from various series and work on these for some time with the students listening and responding physically. You can use recombinations by using different nouns with whatever verbs you choose, as in #5 on pages *XLV* and *XLVI*.

4. Devise and do *very* brief action dialogs. See page *XLVI*, number 10. Be sure every student is adequately prepared before s/he does a dialog on her/his own. This means s/he (a) has experienced it before her/his eyes in a meaningful context many times and (b) has heard good, natural (but *not* fast) pronunciation several times for imitation and has heard it very well.

GEBRAUCH DIESES BUCHES MIT SCHÜLERN DER GRUNDSCHULE UND DER HIGH SCHOOL

Die international bekannte TPR-Autorin und Lehrerausbilderin Berty Segal Cook (ebenfalls bekannt unter Berty Segal) empfiehlt die folgenden Richtlinien für den Unterricht in der Grundschule (ab der 3. Klasse) und der High School:

1. Der Lehrer liest die Sequenz oder Serie Satz für Satz mit passender Untermalung durch Stimme, Mimik und Gestik laut vor und führt zusammen mit zwei oder drei Schülern die Befehle aus, während der Rest der Klasse zuschaut.

2. Noch einmal liest der Lehrer alles laut vor. Diesmal führt die ganze Klasse mit ihm zusammen die Befehle aus.

3. Nun wird eines der folgenden Dinge getan:

   a. High School: Der Lehrer präsentiert der Klasse eine große Abschrift der Befehlsserie, welche vorher vorbereitet wurde. Diese große Abschrift muß von jedem Platz aus leicht gelesen werden können. Vorzugsweise wird auf eine große Pappe geschrieben, so daß die Abschrift wiederverwendbar ist. Die Serie kann jedoch auch auf die Tafel geschrieben werden.

   b. Grundschule: Die Schüler erhalten jeweils ein Buch (oder zwei Schüler können sich auch ein Buch teilen), in dem die Befehlsserie steht. Wenn keine Bücher vorhanden sind, erhalten sie eine Fotokopie der Sequenz und können diese in ihr Schulheft abschreiben. Für Grundschüler ist es leichter, Wörter korrekt aus einem Buch oder von einer Kopie abzuschreiben als von einem Wandbild oder der Tafel.

4. Die Klasse liest die ganze Serie synchron zusammen mit dem Lehrer.

5. Jeder Schüler erhält ein Gummiband oder eine Heftklammer und ein großes Stück Papier. Das Maß sollte wenigstens 11" x 17" (28 x 43 cm) sein, am besten jedoch 18" x 24" (45 x 61 cm) oder sogar noch größer. Liniertes Papier ist für diese Übung am besten geeignet.

6. Jeder Schüler schreibt jede Befehlseinheit in großen Buchstaben auf das große Stück Papier und numeriert die einzelnen Befehle.

7. Jeder Schüler zeichnet nun ein Bild hinter jede Befehlseinheit, das die dazugehörige Aktion ausdrückt. Im allgemeinen ist es natürlich um so einfacher für die Schüler eine Zeichnung anzufertigen, je größer das Stück Papier ist. Es ist nicht erforderlich, daß die Zeichnungen schön werden. Jeder Schüler wird die eigene Zeichnung in einer Weile benutzen. Am Ende dieses Schrittes befinden sich in jeder Zeile auf dem Papier der Schüler eine Zahl, ein Satz und eine Zeichnung. (Siehe **Illustration** unten auf S. XXXVII.)

PARTNERARBEIT: Die Schritte 8-15 werden im allgemeinen in Partnerarbeit durchgeführt. Wenn möglich, wechseln die Schüler dabei ihre Partner mehrere Male während des Prozesses.

8. Ein Schüler liest dem Partner jede Befehlseinheit der Serie vor, macht eine Pause nach jeder Einheit und wartet, daß der Partner den Befehl ausführt. Dann tauschen die beiden Partner ihre Rollen.

9. Jeder Schüler schneidet sein Papier in Streifen — eine Befehlseinheit pro Streifen, mit der Zahl, dem Satz und der Zeichnung.

10. Jeder Schüler mischt die Streifen und nimmt dann das Gummiband oder die Heftklammer, um den Stapel zusammenzuhalten.

Die folgenden vier Übungen sind vor allem für jüngere Schüler, die noch die Fähigkeit der Aneinanderreihung erlernen müssen.

11. Jeder Schüler sucht sich einen neuen Partner. Jedes Schülerpaar hat nun zwei Sets an Befehlsserien. Sie wählen eines dieser Sets und ordnen die Befehlseinheiten gemäß der ursprünglichen Reihenfolge.

12. Die Schüler vermischen die Befehlseinheiten erneut und suchen sich einen neuen Partner. Dann sagt ihnen der Lehrer, daß sie die Zahlen so abfalten sollen, daß sie nicht mehr gesehen werden können. Jedes Schülerpaar soll wieder die richtige Reihenfolge herausfinden, diesmal ohne die Hilfe der Zahlen.

13. Die Schüler tauschen ihre Partner noch einmal. Dann schneiden sie die Zeichnungen mit der Schere ab und vermischen diese. Danach bringen sie die Zeichnungen in die richtige Reihenfolge und heften oder binden die Bildersets zusammen.

14. Nachdem sich erneut neue Paare gebildet haben, lesen sich die Schüler (nun ohne Zahlen oder Zeichnungen als Hilfestellung) gegenseitig den Text auf ihren Papierstreifen vor und überprüfen sich gegenseitig, ob der Partner korrekt vorliest und die richtige Reihenfolge gewählt hat.

15. Nachdem zum letzten Mal die Partner getauscht werden, reproduziert jeder Schüler mit Hilfe der eigenen Zeichnungen mündlich die komplette Befehlsserie, während der Partner zuhört, die Befehle ausführt und, wenn nötig, Hilfestellung gibt. (Die simultane, mündliche Produktion und Ausführung der Befehle kann in einigen Klassen Disziplinprobleme auslösen. Falls dieses der Fall ist, lassen Sie den Schritt der Ausführung der Befehle hier aus.)

16. Schließlich arbeiten die Schüler wieder einzeln und schreiben auf ein normal großes Blatt Papier die ganze Befehlsserie in der richtigen Reihenfolge, wobei sie ihre Zeichnungen als Hilfestellung benutzen können.

Nehmen Sie zur Kenntnis, daß die Schüler bei diesem Prozess gründlich mit den Befehlsserien vertraut gemacht werden, indem sie zuhören, lesen, nachahmen, sprechen und schreiben. Sie sollten nicht erwarten, daß Erst- und Zweitkläßler beim Zweitsprachenlernen durch diesen ganzen Prozess hindurchgehen, wenn sie im allgemeinen auch in ihrer Erstsprache noch keine ausreichend fundierten Lese- und Schreibfertigkeiten haben, um sich bereits mit Lesen und Schreiben in einer anderen Sprache beschäftigen zu können. Es ist am besten, sich bei diesen jüngeren Schülern auf Hör- und Sprechfertigkeiten zu konzentrieren. Die Schüler gehen nur die Schritte in der rezeptiven Phase durch (S. XX-XXII oder s.o. Nr. 1 und 2), um die Befehle auszuführen. Diese Schritte können einige Male wiederholt und auch an mehreren verschiedenen Tagen durchgeführt werden. Erst- und Zweitkläßler könnten auch Zeichnungen von den Befehlen anfertigen. Wenn sie dieses tun, können sie jede Zeichnung ausschneiden, alle Zeichnungen miteinander vermischen und sie dann in die richtige Reihenfolge bringen. Geschickten Schülern kann die Möglichkeit gegeben werden, einige Befehle zu erteilen ohne dabei alle reproduzieren zu müssen. In jedem Fall wird der verständliche Input schließlich zur Produktion führen, genauso wie das bei ihrer Erstsprache der Fall ist.

Deutschsprechende Kinder (einschließlich solche, die in zweisprachigen Klassen sind) bis zur 6. Klasse (Alter 11 und 12) erfreuen sich auch an der Serie und profitieren von beiden *Lernt aktiv!* und *The Children's Response* (siehe Nr. 1 auf Seite

X). Sie sind in den Anfangsstadien der Entwicklung ihrer Lese- und Schreibfähigkeiten von Nutzen. Besonders sind sie in der Erlernung von Folgen und folgerichtigen Erzählungen hilfreich. Sie sind auch dazu geeignet, Kindern zu lehren, Anweisungen zu folgen und sie zu beurteilen, wie Caroline Linse erwähnt. Dazu kommt noch, daß sie eine Grundlage für die Spracherfahrung mit Geschichten (»language experience approach« oder LEA) bilden (Geschichten, die Schüler aus ihren eigenen Erlebnissen erzählen und vom Lehrer aufgeschrieben werden; siehe Dixon, Carol N. und Denise Nessel, *Language Experience Approach to Reading (and Writing): Language-Experience Reading for Second Language Learners*, Hayward, Kalifornien: Alemany Press, 1983; zur Zeit erhältlich von Prentice Hall Regents, Old Tappan, NJ) und einen Anreiz zum schöpferischen Schreiben bieten.

Falls sie Grundschüler lehren, so wollen Sie möglicherweise etwas darin wählerisch sein, welche Lektionen Sie in *Lernt Aktiv!* gebrauchen. Einige werden sich besser eignen, wenn sie der Altersstufe angemessen oder vereinfacht werden.

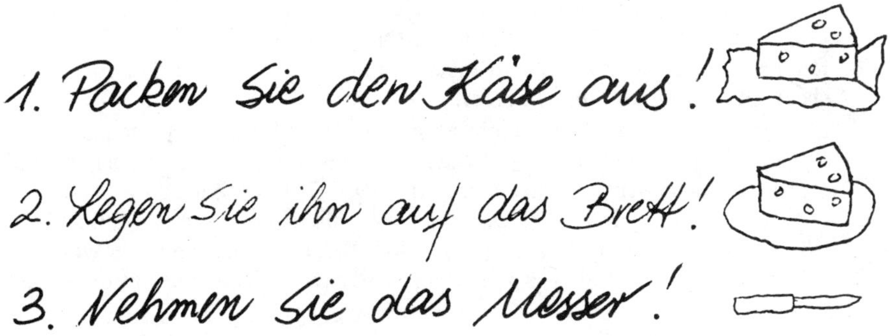

1. Packen Sie den Käse aus!

2. Legen Sie ihn auf das Brett!

3. Nehmen Sie das Messer!

Siehe S. XXXV und S. XXXVI zur
Verwendung der obenstehenden Illustrationen.

(aus »Käse«, S. 8-9)

See pp. *XXXVIII* and *XXXIX* regarding
the use of the above illustrations.

(based on "Cheese," pp. 8-9)

USING THIS BOOK WITH ELEMENTARY
AND SECONDARY SCHOOL STUDENTS

World-renowned TPR author and teacher trainer Berty Segal Cook (a.k.a. Berty Segal) recommends the following procedures for elementary (from third grade up) and secondary school classes:

1. The teacher reads the sequence or series aloud line by line with appropriate feeling as s/he acts it out along with two or three students. The rest of the class observes.

2. S/he reads it aloud again and models it again, this time as the entire class acts it out along with her/him.

3. One of the following is done:

   a. Secondary school. The teacher places before the class a large copy of the sequence which has been prepared beforehand. This large copy must be easily readable from every student's seat. Preferably it is written on a poster-sized sheet so it can be reused, though it may be written on the chalkboard.

   b. Elementary school. Students are each given a book (or one book for each two students to share) which contains the series; if books are not available, they are given a photocopy of the sequence on paper from which to write out their own copy. The reason that elementary school students are given books or papers is that it is difficult for many of them to correctly copy words from the wall or the chalkboard.

4. The class reads the entire series *in chorus* together with the teacher.

5. Every student is given a rubber band or a clip and a large sheet of paper, at least 11" by 17" (28 x 43 cm.), preferably 18" by 24" (45 x 61 cm.) or even larger. Lined paper is best for this exercise.

6. Each student copies each line of the series in large writing onto her/his large sheet, numbering each line in order.

7. Each student now draws a picture at the end of each line of the sequence to represent the action of the line. Generally speaking, the larger the paper, the easier it is for students to make these drawings. There is no need for the drawings to be fine. Each student will use her or his own drawings a little later. When this step is completed, there are a number, a sentence and a drawing on each line of each student's paper. (See **illustration** at the bottom of p. *XXXVII*)

PAIR WORK: Steps 8-15 are generally done with the students working in pairs. Preferably they change partners several times as they go through these steps.

8. One student reads each line of the series to her or his partner, pausing between lines for the partner to perform the action. Then the actor becomes the reader and vice versa.

9. Each student cuts her/his paper into strips, one line per strip, with number, sentence and drawing.

10. Each student mixes up her/his strips and then puts her/his rubber band or clip on the whole set to hold it together.

The following four exercises (11-14) are especially useful for younger students who need to learn the skill of sequencing.

11. Every student finds a new partner. Each pair of students has two sets of strips. They choose one of the sets and put the strips in order.

12. The students mix up those strips again and get new partners. Then the teacher tells the students to fold the numbers back so that they cannot be seen. Each pair of students puts one set of strips in order, this time without the help of the numbers.

13. The students change partners again. Then they cut off the pictures with scissors and mix them up. After that they put the pictures in their proper sequence and clip or bind the set of pictures together.

14. After forming new pairs, students (now without numbers or pictures as clues) read the text on their strips to each other in order, each one following and checking her or his partner's reading and sequencing.

15. After changing partners once more, each student produces orally the whole series in order, using her/his own pictures as cues while the partner listens, performs the commands and helps if necessary. (The simultaneous oral production and performance of the commands by everyone can cause discipline problems in some classes. If so, omit the performance of the commands.)

16. Finally, working individually again, on a regular-sized sheet of paper each student writes out the entire series in order, using the pictures as cues.

Note that in this process students become thoroughly familiar with the series as they listen, read, copy, speak and write. You shouldn't expect first- and second-grade second language learners to go through this entire process, because they are generally not well enough founded in reading and writing in their *first language* to start dealing with reading and writing in another language. It is best to concentrate on aural/oral language with these younger students. They would do only the steps in the receptive stage (pp. *XXVIII* to *XXX*, or numbers 1 and 2 above), performing the commands. These steps can be repeated a number of times and may be done on several different days. First- and second-graders may also make drawings for the commands. If they do, they can then cut each drawing off of the paper, mix up their drawings and sequence them. Those who are able to may be invited to give commands without being required to produce them all. In any event the comprehensible input will eventually bring about production, just as it does in their first language.

Native-speaking children (including those in bilingual classes) up through the 6th grade (age 11-12) also enjoy and profit from the series in both *Lernt aktiv!* and *The Children's Response* (see number 1 on p. *XVI*). They are useful in the early stages of the development of reading and writing skills. Specifically, they are helpful in the learning of sequencing and chronological narration. They are also good for teaching and checking on the skill of direction following, as Caroline Linse points out. In addition, they can form the basis for language experience approach (LEA) stories (stories told by students about their own experiences and written down by a teacher; see Dixon, Carol N. and Denise Nessel, *Language Experience Approach to Reading (and Writing): Language-Experience Reading for Second Language Learners*, Hayward, California: Alemany Press, 1983; currently available from Prentice Hall Regents, Old Tappan, NJ) and provide a stimulus for creative writing.

If you are teaching elementary school children, you will probably want to be somewhat selective in choosing which lessons in *Lernt aktiv!* you use. Some will work better if you adapt or simplify them to fit the level.

ERFINDERISCHE ABWANDLUNGEN

In einem viel höheren Grade als die meisten anderen Materialien bieten diese Lektionen mehr Gelegenheiten, schöpferischen Gebrauch von den Wörtern zu machen, die sie enthalten.

Wir verweisen eindringlich auf das *Buch TPR Is More Than Commands—At All Levels* (Berkeley, Kalifornien: Command Performance Language Institute, 2. Auflage, 1998; s. S. 149), das viele Ideen zum kreativen Gebrauch dieser Kapitel präsentiert. Die Kapitel 2, 3, 5, 6 und 7 des Buches enthalten Abschnitte, die speziell zur Demonstration dafür geschrieben wurden, wie Abwandlungen der Serien in diesem Buch den Studenten helfen können, eine Reihe von Charakteristiken ihrer neuen Sprache zu erwerben. Diese Kapitel beinhalten Dialoge, Konversationen, Rollenspiele, Miniserien, Übungen für den Redefluß, TPR Diktate, schriftliche Übungen und Tests, Aussprache- und Hörverständnisübungen und detaillierte Beschreibungen, wie acht verschiedene englische Zeitformen, unbestimmte Pronomen, Negationswörter und Possessivpronomen auf der Grundlage des Vokabulars der Serien in *Live Action English* und *Lernt aktiv!* eingeführt und geübt werden können.

Hier sind einige Beispiele, wofür die Befehlsserien eingesetzt werden können:

1. Verbformübung in der Gegenwart, Vergangenheit und Zukunft. Zum Beispiel würde sich die Serie »Ein Glas Milch« (S. 24-25) ungefähr so in der Vergangenheit anhören: Zuerst stellt der Lehrer oder der Student alle Handlungen auf Befehl und ohne zu sprechen dar, während die (anderen) Studenten zuschauen. Dann sagt die Person, die die Handlung ausgeführt hat: »Ich habe mir ein Glas Milch eingegossen. Ich habe etwas davon auf den Tisch verschüttet....« Danach wiederholen alle Studenten die Wörter nach dem Lehrer, mit der Betonung auf der Vergangenheit. Danach gehen alle Studenten dies in Paaren oder zu dritt durch, während eine Person handelt, und dann die anderen (den anderen) anspricht.

Im Präsens würden Sie sagen: »Ich gieße mir ein Glas Milch ein«, und in der Zukunft, »Ich werde mir ein Glas Milch eingießen.« In jedem Fall werden alle Handlungen in der angegebenen Zeit im Verhältnis zu den gesprochenen Worten ausgeführt; entweder begleiten, folgen oder stehen die Worte der Handlung voran, je nachdem, ob es sich bei der Handlung um die Vergangenheit, Gegenwart oder Zukunft handelt. Zeitausdrücke wie *zuerst, dann, danach, endlich, jetzt, im Moment....* können eingeführt werden. Fast genau derselbe Vorgang kann mit verschiedenen Personen benutzt werden — *du, Sie* (Singular und Plural), *er, sie, Sie, wir, ihr* — mit den angedeuteten Personen als Darsteller. Für alle Formen außer *Sie* (Singular), *du* und *wir*, werden Gruppen von 3 oder 4 Studenten benötigt. (Siehe Kapitel 5 in *TPR is More Than Commands — At All Levels*.)

2. Für die wirklichen Anfänger können einige dieser Serien gekürzt werden. Zum Beispiel, »Eine Glühbirne wechseln« (S. 64-65) kann verwandelt werden zu:

   1. Schalten Sie das Licht an!
   2. Die Glühbirne ist durchgebrannt!
   3. Holen Sie eine neue!

4. Schrauben Sie die alte Birne heraus!
5. Schrauben Sie die neue in die Fassung!
6. Schalten Sie die Lampe an! Sie funktioniert!

3. Der Lehrer stellt den Studenten Fragen, die auf sich selbst bezogen sein können oder von allgemeinem Interesse sind, indem der Wortschatz der Lektion benutzt wird und verschiedene Zeitformen gewählt werden.

4. Der Wortschatz wird benutzt, indem die Studenten Fragen an den Lehrer oder an andere Studenten stellen. Manchmal wird es auch nötig sein, eine bestimmte Zeitform zu gebrauchen und zu üben.

5. Benutzen Sie dieselben Befehle aber in anderen Zusammensetzungen und mit anderen Gegenständen. Angenommen Sie benutzten die Serie »Nach Hause kommen« als Ausgangspunkt (S. 6-7), könnten Sie auch sagen:

Gehen Sie in die Stadt! (Gebrauchen Sie ein Bild!)
Gehen Sie die Treppe hinunter!
Nehmen Sie den Bleistift in die Hand!
Stecken Sie ihn in die Tasche!
Öffnen Sie das Fenster!
Schließen Sie das Auto auf! (Gebrauchen Sie ein Bild!)
Drücken den Schalter herunter!
Öffnen Sie den Mund!
Schließen Sie ihn!
Schließen Sie das Auto ab! (Gebrauchen Sie ein Bild!)
Schalten Sie das Radio an!

Dann lassen Sie die Studenten Ihnen und ihren Mitstudenten verschiedene Befehle mit denselben Verben geben. Es ist oft nützlich, die Verben mit einigen möglichen Hauptwörtern, Präpositionen und Adverbien zu verbinden. Es kann dabei die Tafel benutzt werden, um das Schöpferische zu fördern, und damit alle Studenten nach vorne schauen. Es können alle Wörter von Ihrer Liste benutzt werden oder nur einige wenige. Fünf bis zehn sind eine gute Anzahl, um mit dem Serienthema effektiv arbeiten zu können. Zum Beispiel:

nehmen Sie		die Tür	
schließen Sie		ein Apfel	
öffnen Sie		den Schrank	
		das Schloß	
gehen Sie	die Treppe	hinunter	
laufen Sie		hinauf	
gehen Sie	zu	der Tür	
laufen Sie		dem Schrank	
schließen Sie	die Tür	auf	
	die Wohnung	ab	[und so weiter]

Sätze, die daraus formuliert werden, könnten zum Beispiel sein: »Schließen Sie die Wohnung auf«, »Öffnen Sie den Schrank«, »Laufen Sie die Treppe hinunter«... Einige Studenten könnten Ihnen helfen, Hauptwörter für die Liste zu finden und könnten im Laufe der Übung auch andere Wörter benutzen.

6. Genau wie bei Nr. 5 oben können ganz neue Situationen geschaffen werden. Dabei können Vokabeln von den schon ausgeführten Serien benutzt werden. Während dieser Aktivitäten kommen neue Vokabeln dazu. Solange die Bedeutung der neuen Wörter dargestellt werden kann, entstehen keine Probleme. In der Tat werden einige Leute die Wörter sogleich auffassen und benutzen. Die Szene, die dadurch entsteht, kann entweder sehr alltäglich und ruhig sein oder sehr dramatisch und ungewöhnlich Bei diesen improvisierten Szenen können Sie üben wie bei den üblich Szenen oder einfach weitergehen. Studenten dürfen auch ihre eigenen Szenen erfinden, oder sie können sie aufschreiben und nach der Korrektur eventuell aufführen. Dasselbe können Sie auch tun.

7. Studenten (und Lehrer) können kleine Stücke zur Aufführung schreiben und dabei anderes Material und andere Befehle benutzen. Nachdem die Studenten eine Reihe von Serien ausgeführt haben, werden sie so mit dem aktiven Deutsch vertraut sein, daß kürzere Aufführungen leichter zustande kommen. Je fortgeschrittener die Gruppe, desto leichter wird es für sie sein, ihre eigenen Aufführungen zu schreiben.

8. Der Wortschatz einer Serie, ausschließlich der Verben, kann auch mit Befehlen ausgeführt werden. Zum Beispiel können Sie oder Ihre Studenten (von »Rühreier«, S. 68-69) folgendes machen:

> Werfen Sie mir ein *Ei* zu!
> Legen Sie den *Schneebesen* weg!
> Reichen Sie mir bitte das *Salz* !
> Gießen Sie *ein wenig Milch* in die *Pfanne* !
> Holen Sie eine *feste* Schachtel!

9. Sie können Ihre eigenen Serien schreiben, um besondere Punkte hervorzuheben oder um Interesse zu wecken, oder um die Erfahrungen Ihrer Studenten besonders zu betonen — wie etwa Medizin, die Geschäftswelt, Fliegen, Automechanik, ein Hobby oder ein Arbeitsgebiet.

10. Sehr kurze **Handlungsdialoge** (2-6 Zeilen) können nach eingehender Vorbereitung geschrieben und ausgeführt werden (siehe »Allgemeine Richtlinien« S. XVIII bis XXV). Handlungsdialoge sind Dialoge, in denen Handlung und Wortschatz benutzt werden. Sie sind der Kern der TPR Übungen. (Siehe Kapitel 2 in *TPR is More Than Commands — At All Levels.*) Zum Beispiel:

> 1 - Wollen Sie mir den Rücken kratzen?
> 2 - Sicher, aber *zuerst* kratzen Sie *mir* den Rücken!
> *Dann* kratze ich Ihren.
> 1 - Gut.

Versuchen Sie es einmal, und Sie werden sehen, wieviel Spaß diese Dialoge machen können.

CREATIVE ADAPTATIONS

To a much greater degree than most material, these lessons offer taking-off points for creative use of the vocabulary they contain.

We urge you to refer to our book *TPR is More Than Commands—At All Levels* (Berkeley, Calif.: Command Performance Language Institute, 2nd edition, 1998; see page 149) for many ideas for the creative use of these lessons. Chapters 2, 3, 5, 6 and 7 of that book contain sections written specifically to demonstrate adaptations of the series in this book for the purpose of helping students to acquire a variety of features of their new language. These chapters include dialogs, conversations, role-playing, mini-series, fluency practice, TPR dictation, written exercises and quizzes, pronunciation and listening discrimination exercises, and detailed descriptions of how to introduce and practice eight different English verb tenses, indefinite and negative pronouns, and possessive adjectives—all based on the vocabulary of the series in *Live Action English* and *Lernt aktiv!*

Here are some examples of the kinds of things the series can be used for:

1. Verb-form practice in present, past and future. For instance, "Ein Glas Milch" (pp. 24-25) would go like this in the past: First the teacher or a student does all the actions in silence or in response to someone's commands, while the (other) students watch. Then the person who has done the actions says, "Ich habe mir ein Glas Milch eingegossen. Ich habe etwas davon auf den Tisch verschüttet...." Then all the students repeat the words after the teacher, with emphasis on the past forms. And finally all the students go through this in pairs or threes, one person at a time acting, then speaking to the other(s).

In present continuous you say, "Ich gieße mir ein Glas Milch ein" and in future, "Ich werde mir ein Glas Milch eingießen." In all cases the actions are done at the appropriate time in relation to the words spoken; the actions precede, accompany or follow the words depending on whether the movements occur in the past, present or future. Time expressions may be taught and included: *zuerst, dann, danach, endlich, jetzt, im Moment...* Virtually the same process may be used in different persons—*du, Sie* (singular and plural), *er, sie* (singular and plural), *wir, ihr*—with the proper persons performing. For all of these except *Sie* (singular), *du* and *wir*, groups of 3 or 4 are needed. (See Chapter 5 in *TPR is More Than Commands—At All Levels*.)

2. For raw beginners, some of the series can be shortened. For example, "Eine Glühbirne wechseln" (pp. 64-65) may become:

       1. Schalten Sie das Licht an!

       2. Die Glühbirne ist durchgebrannt!

       3. Holen Sie eine neue!

       4. Schrauben Sie die alte Birne heraus!

       5. Schrauben Sie die neue in die Fassung!

       6. Schalten Sie die Lampe an! Sie funktioniert!

3. The teacher asks the students questions which are about themselves or otherwise of interest, using the vocabulary of the lesson in whatever tense(s) desired.

4. Students ask questions of the teacher and of other students, using vocabulary from the lesson. Sometimes you may wish to ask them to practice a particular tense.

5. Use the same commands but with different contexts, different objects. For instance, using "Nach Hause kommen" (pp. 6-7) as your take-off point, tell people:

> Gehen Sie in die Stadt! (Use a picture.)
>
> Gehen Sie die Treppe hinunter!
>
> Nehmen Sie den Bleistift in die Hand!
>
> Stecken Sie ihn in die Tasche!
>
> Öffnen Sie das Fenster!
>
> Schließen Sie das Auto auf! (Use picture.)
>
> Drücken Sie den Schalter herunter!
>
> Öffnen Sie den Mund!
>
> Schließen Sie ihn!
>
> Schließen Sie das Auto ab! (Use picture.)
>
> Schalten Sie das Radio an!

Then get the students to tell you and other students to do different things, using the same verbs. It is often useful to write the verbs with some possible nouns, prepositions and adverbs to combine them with on the blackboard to stimulate creative use by students and to get them to lift their heads. You can use all the verbs in the series in your list or just select certain ones. Five to ten is a good working set. For example:

nehmen Sie		die Tür	
schließen Sie		ein Apfel	
öffnen Sie		den Schrank	
		das Schloß	
gehen Sie	die Treppe		hinunter
laufen Sie			hinauf
gehen Sie	zu	die Tür	
laufen Sie		den Schrank	
schließen Sie	die Tür		auf
	das Schloß		ab [and so on]

Sentences created may be, for instance: "Schließen Sie das Schloß auf," "Öffnen Sie den Schrank," "Laufen Sie die Treppe hinunter"... Students may

help you choose nouns for the list and may of course use other nouns while practicing.

6. Along the same lines as number 5 above, improvise entire new situations, using much vocabulary from series already enacted. As you do this, some new vocabulary often emerges. As long as the meaning of it is demonstrable, this will cause no problem. In fact, some people will pick some of it up right away. The scenario that develops may be very ordinary and calm or extravagant and wild. You may do the usual kind of work with any of these improvised series or you can drop them and go on to other things. Students may also improvise their own series. Or they may write them down for subsequent use (perhaps after correction). You may too.

7. Students (and teacher) can write mini-plays for performance, involving other material as well as commands. After a number of series have been enacted by students, they will be accustomed to using German with live action, and mini-plays come more easily. The higher the level of the group, the easier it will be for them to create their own skits.

8. The non-verb vocabulary of a series may also be focused on with commands. For example, from "Rühreier" (pp. 68-69) you or your students can produce:

> Werfen Sie mir ein *Ei* zu!
>
> Legen Sie den *Schneebesen* weg!
>
> Reichen Sie mir bitte das *Salz* !
>
> Gießen Sie *ein wenig Milch* in die *Pfanne* !
>
> Holen Sie eine *feste* Schachtel!

9. You may write your own series to suit the particular needs, interests or environment of your students—such as medicine, business, aviation, auto mechanics or any interest or job area.

10. Very brief **action dialogs** (2-6 lines) may be written and enacted after adequate preparation (see "General Procedures," pp. *XXVI* to *XXXII*). Action dialogs are any dialogs with related actions and words. They are one of the basic types of TPR exercises. (See Chapter 2 in *TPR is More Than Commands—At All Levels*.) For example:

> 1 - Wollen Sie mir den Rücken kratzen?
>
> 2 - Sicher, aber *zuerst* kratzen Sie *mir* den Rücken!
> *Dann* kratze ich Ihren.
>
> 1 - Gut.

Try this one and you'll see how much fun these little dialogs can be.

Sie dürfen Kopien von diesem Reise-scheck für Ihre Studenten machen und ihn bei der Serie »Reisescheck« (S. 70 u. 71) benutzen.

You have our permission to make co-pies of this traveler's check for your students to use with "Reisescheck" (pp. 70-71).

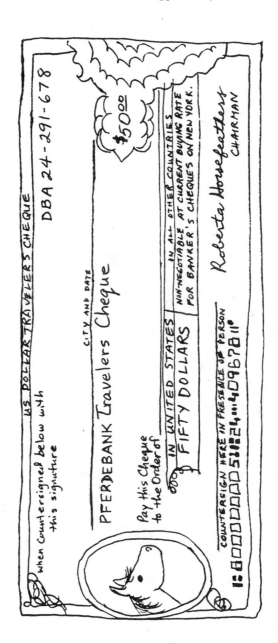

Die Handlungsserien

SICH DIE HÄNDE WASCHEN

1. Sie werden sich die Hände waschen.

2. Drehen Sie das Wasser an!

3. Nehmen Sie die Seife!

4. Waschen Sie sich die Hände!

5. Legen Sie die Seife hin!

6. Spülen Sie die Seife ab!

7. Drehen Sie den Hahn zu!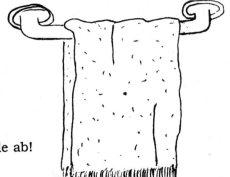

8. Nehmen Sie das Handtuch!

9. Trocknen Sie sich die Hände ab!

10. Hängen Sie das Handtuch wieder hin!

SICH DIE HÄNDE WASCHEN

1. Du wirst dir die Hände waschen.

2. Dreh das Wasser an!

3. Nimm die Seife!

4. Wasch dir die Hände!

5. Leg die Seife hin!

6. Spül die Seife ab!

7. Dreh den Hahn zu!

8. Nimm das Handtuch!

9. Trockne dir die Hände ab!

10. Häng das Handtuch wieder hin!

EINE KERZE

1. Stecken Sie die Kerze in den Kerzenhalter!

2. Nehmen Sie die Streichhölzer heraus!

3. Reißen Sie ein Streichholz ab!

4. Zünden Sie das Streichholz an!

5. Zünden Sie die Kerze an!

6. Blasen Sie das Streichholz aus!

7. Legen Sie das Streichholz in den Aschenbecher!

8. Stecken Sie die Streichhölzer wieder in die Tasche!

9. Schauen Sie sich die Kerze an!

10. Riechen Sie daran!

11. Blasen Sie sie aus!

12. Fassen Sie sie an! Ist sie heiß oder kalt?

EINE KERZE

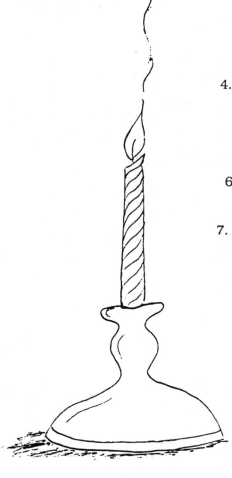

1. Steck die Kerze in den Kerzenhalter!

2. Nimm die Streichhölzer heraus!

3. Reiß ein Streichholz ab!

4. Zünde das Streichholz an!

5. Zünde die Kerze an!

6. Blas das Streichholz aus!

7. Leg das Streichholz in den Aschenbecher!

8. Steck die Streichhölzer wieder in die Tasche!

9. Schau dir die Kerze an!

10. Riech daran!

11. Blas sie aus!

12. Faß sie an! Ist sie heiß oder kalt?

NACH HAUSE KOMMEN

1. Gehen Sie nach Hause!

2. Gehen Sie die Treppe hinauf!

3. Nehmen Sie den Schlüssel in die Hand!

4. Stecken Sie ihn ins Schlüsselloch!

5. Schließen Sie die Tür auf!

6. Stecken Sie den Schlüssel in die Tasche!

7. Drücken Sie die Türklinke herunter!

8. Öffnen Sie die Tür!

9. Gehen Sie hinein!

10. Schließen Sie die Tür!

11. Schließen Sie die Tür ab!

12. Schalten Sie das Licht an!

13. Setzen Sie sich hin!

14. Seufzen Sie und ruhen Sie sich aus!

NACH HAUSE KOMMEN

1. Geh nach Hause!

2. Geh die Treppe hinauf!

3. Nimm den Schlüssel in die Hand!

4. Steck ihn ins Schlüsselloch!

5. Schließ die Tür auf!

6. Steck den Schlüssel in die Tasche!

7. Drück die Türklinke herunter!

8. Öffne die Tür!

9. Geh hinein!

10. Schließ die Tür!

11. Schließ die Tür ab!

12. Schalte das Licht an!

13. Setz dich hin!

14. Seufz und ruh dich aus!

KÄSE

1. Packen Sie den Käse aus!

2. Legen Sie ihn auf das Brett!

3. Nehmen Sie das Messer!

4. Schneiden Sie ein Stückchen Käse ab!

5. Stecken Sie es in den Mund und essen Sie es! Schmeckt es?

6. Schneiden Sie ein zweites Stückchen ab!

7. Essen Sie es!

8. Schneiden Sie ein großes Stück ab!

9. Beißen Sie ein Stück davon ab!

10. Kauen Sie es und schlucken Sie es runter!

11. Beißen Sie noch ein Stück davon ab!

12. Essen Sie, was Sie noch in der Hand haben!

13. Packen Sie den übrigen Käse ein!

KÄSE

1. Pack den Käse aus!

2. Leg ihn auf das Brett!

3. Nimm das Messer!

 4. Schneide ein Stückchen Käse ab!

5. Steck es in den Mund und iß es! Schmeckt es?

6. Schneide ein zweites Stückchen ab!

7. Iß es!

 8. Schneide ein großes Stück ab!

9. Beiß ein Stück davon ab!

10. Kau es und schluck es runter!

11. Beiß noch ein Stück davon ab!

12. Iß, was du noch in der Hand hast!

13. Pack den übrigen Käse ein!

EIN BALLON

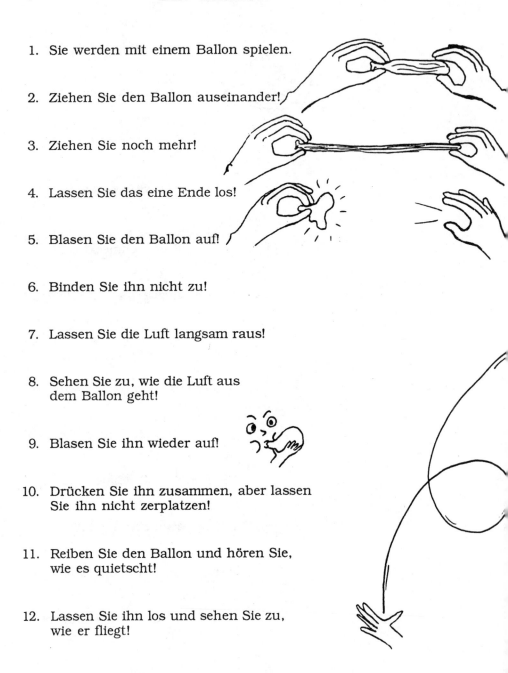

1. Sie werden mit einem Ballon spielen.

2. Ziehen Sie den Ballon auseinander!

3. Ziehen Sie noch mehr!

4. Lassen Sie das eine Ende los!

5. Blasen Sie den Ballon auf!

6. Binden Sie ihn nicht zu!

7. Lassen Sie die Luft langsam raus!

8. Sehen Sie zu, wie die Luft aus dem Ballon geht!

9. Blasen Sie ihn wieder auf!

10. Drücken Sie ihn zusammen, aber lassen Sie ihn nicht zerplatzen!

11. Reiben Sie den Ballon und hören Sie, wie es quietscht!

12. Lassen Sie ihn los und sehen Sie zu, wie er fliegt!

EIN BALLON

1. Du wirst mit einem Ballon spielen.

2. Zieh den Ballon auseinander!

3. Zieh noch mehr!

4. Laß das eine Ende los!

5. Blas den Ballon auf!

6. Binde ihn nicht zu!

7. Laß die Luft langsam raus!

8. Sieh zu, wie die Luft aus dem Ballon geht!

9. Blas ihn wieder auf!

10. Drück ihn zusammen, aber laß ihn nicht zerplatzen!

11. Reib den Ballon und hör, wie es quietscht!

12. Laß ihn los und sieh zu, wie er fliegt!

KAUGUMMI KAUEN

1. Gehen Sie zum Kiosk!

2. Kaufen Sie ein Päckchen Kaugummi!

3. Öffnen Sie das Päckchen!

4. Nehmen Sie ein Stück Kaugummi heraus!

5. Nehmen Sie den Kaugummi aus der Packung!

6. Stecken Sie ihn in den Mund!

7. Kauen Sie ihn!

8. Schlucken Sie den Kaugummi nicht hinunter!

9. Gehen Sie zum Abfallkorb!

10. Werfen Sie die Packung weg!

11. Stecken Sie das Päckchen Kaugummi in die Tasche!

KAUGUMMI KAUEN

1. Geh zum Kiosk!

2. Kauf ein Päckchen Kaugummi!

3. Öffne das Päckchen!

4. Nimm ein Stück Kaugummi heraus!

5. Nimm den Kaugummi aus der Packung!

6. Steck ihn in den Mund!

7. Kau ihn!

8. Schluck den Kaugummi nicht hinunter!

9. Geh zum Abfallkorb!

10. Wirf die Packung weg!

11. Steck das Päckchen Kaugummi in die Tasche!

EIN VERSTECKSPIEL

1. Wir werden ein Spiel spielen.

2. Thea, schließen Sie die Augen!

3. Öffnen Sie sie nicht!

4. Heinz, verstecken Sie $\begin{matrix}\text{den}\\\text{die}\\\text{das}\end{matrix}$ _____!

5. Thea, öffnen Sie die Augen!

6. Stehen Sie auf!

7. Suchen Sie $\begin{matrix}\text{ihn!}\\\text{sie!}\\\text{es!}\end{matrix}$

      kalt   kälter   warm   wärmer   heiß!

8. Thea sagt: »Oh, hier ist $\begin{matrix}\text{er!}\\\text{sie!}\\\text{es!}\end{matrix}$«

9. Gut! Sie haben $\begin{matrix}\text{ihn}\\\text{sie}\\\text{es}\end{matrix}$ gefunden.

EIN VERSTECKSPIEL

1. Wir werden ein Spiel spielen.

2. Thea, schließ die Augen!

3. Öffne sie nicht!

4. Heinz, versteck $\begin{array}{l}\text{den}\\ \text{die}\\ \text{das}\end{array}$ _____!

5. Thea, öffne die Augen!

6. Steh auf!

7. Such $\begin{array}{l}\text{ihn!}\\ \text{sie!}\\ \text{es!}\end{array}$

kalt   kälter   warm   wärmer   heiß!

8. Thea sagt: »Oh, hier ist $\begin{array}{l}\text{er!}\\ \text{sie!}\\ \text{es!}\end{array}$«

9. Gut! Du hast $\begin{array}{l}\text{ihn}\\ \text{sie}\\ \text{es}\end{array}$ gefunden.

EINE TABLETTE NEHMEN

1. Sie müssen eine Tablette nehmen.

2. Nehmen Sie die Schachtel!

3. Öffnen Sie die Schachtel!

4. Schütteln Sie den Tablettenstreifen heraus!

5. Drücken Sie eine Tablette heraus!

6. Schieben Sie den Tablettenstreifen wieder in die Schachtel hinein!

7. Schließen Sie die Schachtel!

8. Stecken Sie die Tablette in den Mund!

9. Trinken Sie etwas Wasser und schlucken Sie die Tablette hinunter!

10. Oh weh! Sie steckt in Ihrer Kehle.

11. Trinken Sie noch einen Schluck Wasser!

12. Na ja...gut. Sie rutscht hinunter.

EINE TABLETTE NEHMEN

1. Du mußt eine Tablette nehmen.

2. Nimm die Schachtel!

3. Öffne die Schachtel!

4. Schüttle den Tablettenstreifen heraus!

5. Drück eine Tablette heraus!

6. Schieb den Tablettenstreifen wieder in die Schachtel hinein!

7. Schließ die Schachtel!

8. Steck die Tablette in den Mund!

9. Trink etwas Wasser und schluck die Tablette hinunter!

10. Oh weh! Sie steckt in deiner Kehle.

11. Trink noch einen Schluck Wasser!

12. Na ja...gut. Sie rutscht hinunter.

DEN BLEISTIFT ANSPITZEN

1. Nehmen Sie Ihren Bleistift!

2. Sehen Sie sich die Spitze an!

3. Betasten Sie die Spitze mit dem Daumen! Sie ist stumpf.

4. Wollen Sie meinen Bleistiftanspitzer benutzen?

Bleistiftanspitzer

5. Stecken Sie den Bleistift in das Loch!

6. Spitzen Sie den Bleistift an!

7. Kontrollieren Sie die Spitze noch einmal! Au! Sie ist spitz.

stumpf

8. Machen Sie den Bleistiftanspitzer sauber!

9. Geben Sie ihn mir zurück!

10. Schreiben Sie einen Brief!

DEN BLEISTIFT ANSPITZEN

1. Nimm deinen Bleistift!

2. Sieh dir die Spitze an!

3. Betaste die Spitze mit dem Daumen! Sie ist stumpf.

4. Willst du meinen Bleistiftanspitzer benutzen?

5. Steck den Bleistift in das Loch!

6. Spitz den Bleistift an!

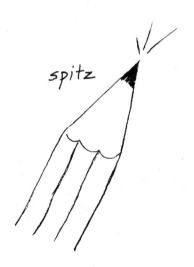

spitz

7. Kontrollier die Spitze noch einmal! Au! Sie ist spitz.

8. Mach den Bleistiftanspitzer sauber!

9. Gib ihn mir zurück!

10. Schreib einen Brief!

EIN MÜSLI ZUBEREITEN

1. Sie werden Müsli zum Frühstück essen.

2. Öffnen Sie die Packung!

3. Schütten Sie etwas Müsli in die Schüssel!

4. Sie verschütten etwas Müsli auf den Tisch! Hoppla!

5. Nehmen Sie es auf und tun Sie es in die Schüssel!

6. Machen Sie die Müslipackung zu!

7. Nehmen Sie eine Banane und schälen Sie sie!

8. Schneiden Sie die Banane in Scheiben in das Müsli!

9. Werfen Sie die Bananenschale in den Mülleimer!

10. Gießen Sie etwas Milch auf das Müsli!

11. Nehmen Sie einen Löffel voll Müsli und probieren Sie mal!

12. Kauen Sie es!

13. Schlucken Sie es hinunter!

EIN MÜSLI ZUBEREITEN

1. Du wirst Müsli zum Frühstück essen.

2. Öffne die Packung!

3. Schütte etwas Müsli in die Schüssel!

4. Du verschüttest etwas Müsli auf den Tisch! Hoppla!

5. Nimm es auf und tu es in die Schüssel!

6. Mach die Müslipackung zu!

7. Nimm eine Banane und schäle sie!

8. Schneide die Banane in Scheiben in das Müsli!

9. Wirf die Bananenschale in den Mülleimer!

10. Gieß etwas Milch auf das Müsli!

11. Nimm einen Löffel voll Müsli und probier mal!

12. Kau es!

13. Schluck es hinunter!

EINEN MANTEL KAUFEN

1. Sie werden einen neuen Mantel kaufen.

2. Schauen Sie sich die Schaufenster an!

3. Oh, da ist ein schöner Mantel! Gehen Sie in den Laden!

4. Nehmen Sie einen Mantel vom Kleiderständer!

5. Nehmen Sie ihn vom Kleiderbügel!

6. Probieren Sie ihn an!

7. Sehen Sie sich im Spiegel an!

8. Der Mantel ist zu groß. Ziehen Sie ihn aus!

9. Hängen Sie ihn wieder auf den Bügel!

10. Hängen Sie den Mantel wieder auf den Kleiderständer!

11. Probieren Sie einen anderen Mantel an!

12. Dieser paßt.

13. Schauen Sie den Preis an!

14. Wie viel kostet er?

15. Kaufen Sie ihn!

EINEN MANTEL KAUFEN

1. Du wirst einen neuen Mantel kaufen.

2. Schau dir die Schaufenster an!

3. Oh, da ist ein schöner Mantel! Geh in den Laden!

4. Nimm einen Mantel vom Kleiderständer!

5. Nimm ihn vom Kleiderbügel!

6. Probier ihn an!

7. Sieh dich im Spiegel an!

8. Der Mantel ist zu groß. Zieh ihn aus!

9. Häng ihn wieder auf den Bügel!

10. Häng den Mantel wieder auf den Kleiderständer!

11. Probier einen anderen Mantel an!

12. Dieser paßt.

13. Schau den Preis an!

14. Wie viel kostet er?

15. Kauf ihn!

EIN GLAS MILCH

1. Gießen Sie sich ein Glas Milch ein!

2. Sie verschütten etwas Milch auf den Tisch. Huch!

3. Gehen Sie zum Spülbecken!

4. Nehmen Sie einen Lappen!

5. Machen Sie ihn naß!

6. Wringen Sie ihn aus!

7. Wischen Sie die Milch auf!

8. Gehen Sie zurück zum Becken!

9. Spülen Sie den Lappen aus!

10. Hängen Sie ihn auf den Wasserhahn!

11. Gehen Sie zum Tisch zurück, wo die Milch ist!

12. Trinken Sie die Milch!

13. Seien Sie vorsichtig! Verschütten Sie nichts mehr!

EIN GLAS MILCH

1. Gieß dir ein Glas Milch ein!

2. Du verschüttest etwas Milch auf den Tisch. Huch!

3. Geh zum Spülbecken!

4. Nimm einen Lappen!

5. Mach ihn naß!

6. Wring ihn aus!

7. Wisch die Milch auf!

8. Geh zurück zum Becken!

9. Spül den Lappen aus!

10. Häng ihn auf den Wasserhahn!

11. Geh zum Tisch zurück, wo die Milch ist!

12. Trink die Milch!

13. Sei vorsichtig! Verschütte nichts mehr!

EIN GESCHENK EINWICKELN

1. Sie werden ein Geschenk für einen Freund
   eine Freundin
   einpacken.

2. Wickeln Sie den
   die _____ in Seidenpapier ein!
   das

3. Legen Sie ihn
   sie in eine Schachtel!
   es

4. Legen Sie die Schachtel auf das
   Geschenkpapier!

5. Wickeln Sie ihn
   sie ein!
   es

6. Falten Sie die Enden!

7. Nehmen Sie zwei Stückchen Klebestreifen!

8. Kleben Sie die beiden Enden zu!

9. Schneiden Sie ein Stück Band ab!

10. Schnüren Sie es um das Paket herum!

11. Binden Sie es zu mit einem Knoten!

12. Dann binden Sie es zu einer Schleife!

13. Geben Sie Ihrem Freund
    Ihrer Freundin das Geschenk!

    »Danke sehr!«

EIN GESCHENK EINWICKELN

1. Du wirst ein Geschenk für ^{einen Freund} / _{eine Freundin} einpacken.

2. Wickel die ^{den} / _{das} _____ in Seidenpapier ein!

3. Leg ^{ihn} sie _{es} in eine Schachtel!

4. Leg die Schachtel auf das Geschenkpapier!

5. Wickel ^{ihn} sie _{es} ein!

6. Falte die Enden!

7. Nimm zwei Stückchen Klebestreifen!

8. Kleb die beiden Enden zu!

9. Schneide ein Stück Band ab!

10. Schnür es um das Paket herum!

11. Binde es zu mit einem Knoten!

12. Dann binde es zu einer Schleife!

13. Gib ^{Ihrem Freund} / _{Ihrer Freundin} das Geschenk!

»Danke sehr!«

GUTEN MORGEN!

1. Es ist sieben Uhr morgens.

2. Es ist Zeit zum Aufstehen. Sie wachen auf.

3. Strecken Sie sich und gähnen Sie, und dann
   reiben Sie sich die Augen!

4. Stehen Sie auf!

5. Machen Sie Ihre Gymnastik!

6. Gehen Sie ins Badezimmer!

7. Waschen Sie sich das Gesicht!

8. Gehen Sie ins Schlafzimmer zurück!

9. Ziehen Sie sich an!

10. Machen Sie das Bett!

11. Gehen Sie in die Küche!

12. Frühstücken Sie!

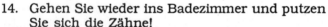

13. Lesen Sie die Zeitung!

14. Gehen Sie wieder ins Badezimmer und putzen
    Sie sich die Zähne!

15. Ziehen Sie Ihren Mantel an!

16. Sagen Sie Ihrer Familie »Auf Wiedersehen
    bis heute Abend!« und geben Sie jedem einen
    Abschiedskuß!

17. Gehen Sie aus dem Haus!

GUTEN MORGEN!

1. Es ist sieben Uhr morgens.

2. Es ist Zeit zum Aufstehen. Du wachst auf.

3. Streck dich und gähn, und dann reib dir die Augen!

4. Steh auf!

5. Mach deine Gymnastik!

6. Geh ins Badezimmer!

7. Wasch dir das Gesicht!

8. Geh ins Schlafzimmer zurück!

9. Zieh dich an!

10. Mach das Bett!

11. Geh in die Küche!

12. Frühstück!

13. Lies die Zeitung!

14. Geh wieder ins Badezimmer und putz dir die Zähne!

15. Zieh deinen Mantel an!

16. Sag deiner Familie »Auf Wiedersehen bis heute Abend!« und gib jedem einen Abschiedskuß!

17. Geh aus dem Haus!

SIE WERDEN KRANK

1. Sie fühlen sich nicht wohl.

2. Halten Sie die Hand vor die Nase und nießen Sie!

3. Nehmen Sie Ihr Taschentuch heraus!

4. Schneuzen Sie sich!

5. Wischen Sie sich die Tränen ab!

6. Halten Sie die Hand vor den Mund, wenn Sie husten!

7. Gehen Sie aus dem Haus!

8. Gehen Sie zur Apotheke!

9. Oh, Sie sind sehr schwach! Sie brechen zusammen!

10. Stehen Sie auf!

11. Gehen Sie in die Apotheke!

12. Kaufen Sie Kopfschmerztabletten, Papiertaschentücher und Nasenspray!

13. Gehen Sie nach Hause und schonen Sie sich! Gute Besserung!

DU WIRST KRANK

1. Du fühlst dich nicht wohl.

2. Halte die Hand vor die Nase
und nieß!

3. Nimm dein Taschentuch heraus!

4. Schneuz dich!

5. Wisch dir die Tränen ab!

6. Halte die Hand vor den Mund,
wenn du hustest!

7. Geh aus dem Haus!

8. Geh zur Apotheke!

9. Oh, du bist sehr schwach!
Du brichst zusammen!

10. Steh auf!

11. Geh in die Apotheke!

12. Kauf Kopfschmerztabletten,
Papiertaschentücher und Nasenspray!

13. Geh nach Hause und schon dich!
Gute Besserung!

EIN BÜROANGESTELLTER

1. Sie sind Büroangestellter.

2. Setzen Sie sich an den Schreibtisch!

3. Entspannen Sie sich!

4. Lockern Sie die Krawatte!

5. Knöpfen Sie die Jacke auf!

6. Ziehen Sie die Jacke aus!

7. Krempeln Sie die Ärmel hoch!

8. Legen Sie die Füße hoch!

9. Oh oh! Da kommt der Chef!
   die Chefin!

10. Ziehen Sie die Krawatte wieder fest!

11. Ziehen Sie die Jacke wieder an!

12. Knöpfen Sie sie zu!

13. Binden Sie die Schuhe zu!

14. Gehen Sie an die Arbeit!

15. Sagen Sie dem Chef: »Guten Tag«!
    der Chefin:

EIN BÜROANGESTELLTER

1. Du bist Büroangestellter.

2. Setz dich an den Schreibtisch!

3. Entspann dich!

4. Lockere die Krawatte!

5. Knöpf die Jacke auf!

6. Zieh die Jacke aus!

7. Krempel die Ärmel hoch!

8. Leg die Füße hoch!

9. Oh oh! Da kommt der Chef! / die Chefin!

10. Zieh die Krawatte wieder fest!

11. Zieh die Jacke wieder an!

12. Knöpf sie zu!

13. Binde die Schuhe zu!

14. Geh an die Arbeit!

15. Sag dem Chef: / der Chefin: »Guten Tag«!

EINEN KNOPF ANNÄHEN

1. Sie werden einen Knopf annähen.

2. Schneiden Sie ein Stück Faden ab!

3. Fädeln Sie den Faden ein!

4. Machen Sie einen Knoten am Ende des Fadens!

5. Stecken Sie die Nadel durch den Stoff!

6. Stecken Sie die Nadel durch ein Loch im Knopf!

7. Stecken Sie sie durch das andere Loch im Knopf!

8. Stecken Sie sie zurück durch den Stoff!

9. Ziehen Sie den Faden fest!

10. Machen Sie mehrere Stiche!

11. Ziehen Sie die Nadel durch die Schlinge!

12. Machen Sie noch einen Knoten!

13. Ziehen Sie den Faden fest!

14. Beißen Sie ihn ab!

EINEN KNOPF ANNÄHEN

Faden

1. Du wirst einen Knopf annähen.

2. Schneide ein Stück Faden ab!

3. Fädle den Faden ein!

4. Mach einen Knoten am Ende des Fadens!

ein Loch

einen Knopf

5. Steck die Nadel durch den Stoff!

6. Steck die Nadel durch ein Loch im Knopf!

7. Steck sie durch das andere Loch im Knopf!

8. Steck sie zurück durch den Stoff!

9. Zieh den Faden fest!

10. Mach mehrere Stiche!

11. Zieh die Nadel durch die Schlinge!

12. Mach noch einen Knoten!

13. Zieh den Faden fest!

14. Beiß ihn ab!

EIN BILD MALEN

1. Sie werden ein Bild malen.

2. Breiten Sie alte Zeitungen aus!

3. Nehmen Sie ein Stück Papier!

4. Öffnen Sie den Topf mit
   gelber
   grüner
   roter   Farbe!
   blauer

5. Nehmen Sie den Pinsel!

6. Tauchen Sie den Pinsel in die Farbe!

7. Malen Sie
   einen
   eine   _____!
   ein

gelb

8. Lassen Sie die Farben trocknen!

9. Schließen Sie den Farbtopf und
   stellen Sie ihn weg!

10. Waschen Sie den Pinsel aus!

11. Trocknen Sie ihn mit einem Lappen!

12. Hängen Sie das Bild an die Wand!

13. Falten Sie die Zeitung wieder zusammen!

14. Legen Sie sie weg!

EIN BILD MALEN

1. Du wirst ein Bild malen.

2. Breite alte Zeitungen aus!

3. Nimm ein Stück Papier!

4. Öffne den Topf mit $\begin{matrix} \text{gelber} \\ \text{grüner} \\ \text{roter} \\ \text{blauer} \end{matrix}$ Farbe!

5. Nimm den Pinsel!

6. Tauch den Pinsel in die Farbe!

7. Mal $\begin{matrix} \text{einen} \\ \text{eine} \\ \text{ein} \end{matrix}$ _____!

8. Laß die Farben trocknen!

9. Schließ den Farbtopf und stell ihn weg!

10. Wasch den Pinsel aus!

11. Trockne ihn mit einem Lappen!

12. Häng das Bild an die Wand!

13. Falte die Zeitung wieder zusammen!

14. Leg sie weg!

MIT DEM FLUGZEUG FLIEGEN

1. Sie werden nach Hawaii fliegen.

2. Steigen Sie in das Flugzeug ein!

3. Suchen Sie Ihren Platz!

4. Setzen Sie sich hin!

5. Schnallen Sie sich an!

6. Der Gurt sitzt zu fest.

7. Lockern Sie ihn!

8. Er ist zu locker.

9. Ziehen Sie ihn fester!

10. Gut. Jetzt geht's los.

11. Wir starten.

12. Wir fliegen los.

13. Nun sind wir in der Luft.

14. Machen Sie den Anschnallgurt auf!

15. Ist das bequem?

   »Danke, das ist sehr bequem.«

16. Guten Flug! Gute Reise!

MIT DEM FLUGZEUG FLIEGEN

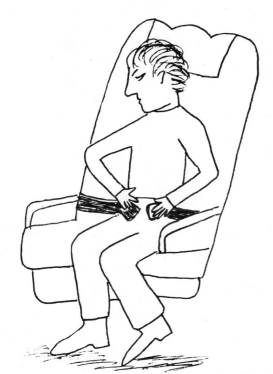

1. Du wirst nach Hawaii fliegen.

2. Steig in das Flugzeug ein!

3. Such deinen Platz!

4. Setz dich hin!

5. Schnall dich an!

6. Der Gurt sitzt zu fest.

7. Lockere ihn!

8. Er ist zu locker.

9. Zieh ihn fester!

10. Gut. Jetzt geht's los.

11. Wir starten.

12. Wir fliegen los.

13. Nun sind wir in der Luft.

14. Mach den Anschnallgurt auf!

15. Ist das bequem?

»Danke, das ist sehr bequem.«

16. Guten Flug! Gute Reise!

EINE KASSETTE ABSPIELEN

1. Ich möchte, daß Sie dieses Lied hören.

2. Stellen Sie das Radio an!

3. Schalten Sie um auf *tape*!

4. Drücken Sie *stop/eject*!

5. Legen Sie die Kassette ein!

6. Drücken Sie *play*!

7. Oh, nein. Das ist es nicht. Spulen Sie vor!

8. O.k., drücken Sie wieder *play*!

9. Oh, nein. Es ist auf der anderen Seite.

10. Drücken Sie *stop/eject* einmal und dann noch einmal!

11. Nehmen Sie die Kassette heraus!

12. Drehen Sie sie um!

13. Legen Sie sie wieder ein!

14. Spulen Sie sie zurück!

15. O.k., versuchen Sie es hier!

16. Oh, gut, das ist es. Hören Sie zu!

17. Ich liebe dieses Lied. Soll ich es für Sie aufnehmen?

LO — leise	VOLUME — Lautstärke
HI — laut	FAST-F — Vorspulen
TAPE — Kassette	REWIND — Zurückspulen
RECORD — Aufnahme	EJECT — ausstoßen
TUNING — Sender	

EINE KASSETTE ABSPIELEN

1. Ich möchte, daß du dieses Lied hörst.

2. Stell das Radio an!

3. Schalte um auf *tape*!

4. Drück *stop/eject*!

5. Leg die Kassette ein!

6. Drück *play*!

7. Oh, nein, das ist es nicht. Spul vor!

8. O.k., drück wieder *play*!

9. Oh, nein. Es ist auf der anderen Seite.

10. Drück *stop/eject* einmal und dann noch einmal!

11. Nimm die Kassette heraus!

12. Dreh sie um!

13. Leg sie wieder ein!

14. Spul sie zurück!

15. O.k., versuch es hier!

16. Oh, gut, das ist es. Hör zu!

17. Ich liebe dieses Lied. Soll ich es für dich aufnehmen?

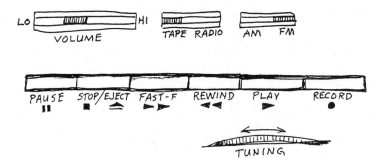

IM RESTAURANT

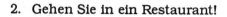

1. Sie werden zum Abendessen ausgehen.

2. Gehen Sie in ein Restaurant!

3. Suchen Sie einen freien Tisch!

4. Setzen Sie sich hin!

5. Der Kellner
   Die Kellnerin bringt die Speisekarte.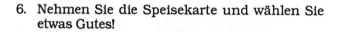

6. Nehmen Sie die Speisekarte und wählen Sie etwas Gutes!

7. Der Kellner
   Die Kellnerin kommt wieder.

8. Bestellen Sie Bockwurst, Kartoffelsalat, grünen Salat und eine Cola!

9. Falten Sie die Serviette auseinander!

10. Legen Sie sie auf den Schoß!

11. Stecken Sie sie in den Hosenbund!
    Rockbund!

12. Da kommt die Cola.

13. Trinken Sie ein Schlückchen!

14. Da kommt das Essen.

15. Lassen Sie es sich schmecken!

IM RESTAURANT

1. Du wirst zum Abendessen ausgehen.

2. Geh in ein Restaurant!

3. Such einen freien Tisch!

4. Setz dich hin!

5. Der Kellner / Die Kellnerin bringt die Speisekarte.

6. Nimm die Speisekarte und wähl etwas Gutes!

7. Der Kellner / Die Kellnerin kommt wieder.

8. Bestell Bockwurst, Kartoffelsalat, grünen Salat und eine Cola!

9. Falte die Serviette auseinander!

10. Leg sie auf den Schoß!

11. Steck sie in den Hosenbund! / Rockbund!

12. Da kommt die Cola.

13. Trink ein Schlückchen!

14. Da kommt das Essen.

15. Laß es dir schmecken!

EIN GESCHENK BEKOMMEN

1. Sie haben ein Geschenk von Ihrem Freund
   Ihrer Freundin
   bekommen.

2. Sehen Sie sich das Paket an!

3. Betasten Sie es!

4. Schütteln Sie es und horchen Sie!

5. Raten Sie mal, was drin ist!

   ! ?! ?, ? ? eine Uhr? ?. ? eine Bombe? ? ? ? ?! ?! ?
                                                    /? ! / ! ?! /

6. Packen Sie das Geschenk aus und tun Sie
   das Papier weg!

7. Zerknüllen Sie es und werfen Sie es weg!

8. Öffnen Sie die Schachtel nur ein bißchen!

9. Schauen Sie hinein!

10. Phantastisch! Es ist genau das, was Sie sich
    gewünscht haben.

11. Öffnen Sie die Schachtel ganz und nehmen
    Sie das Geschenk heraus!

12. Sagen Sie: »Oh, danke sehr! Das ist wirklich
    nett von dir«!

EIN GESCHENK BEKOMMEN

1. Du hast ein Geschenk von deinem Freund
deiner Freundin
bekommen.

2. Sieh dir das Paket an!

3. Betaste es!

4. Schüttel es und horch!

5. Rate mal, was drin ist!

6. Pack das Geschenk aus und tu
das Papier weg!

7. Zerknüll es und wirf es weg!

8. Öffne die Schachtel nur ein bißchen!

9. Schau hinein!

10. Phantastisch! Es ist genau das, was du dir
gewünscht hast.

11. Öffne die Schachtel ganz und nimm
das Geschenk heraus!

12. Sag: »Oh, danke sehr! Das ist wirklich
nett von dir«!

EIN VERKNITTERTES HEMD
ODER EINE VERKNITTERTE BLUSE

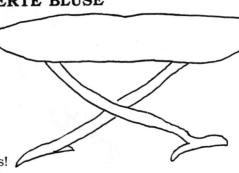

1. Ihr Hemd / Ihre Bluse ist verknittert.

2. Sie sollten es / sie bügeln.

3. Stellen Sie das Bügelbrett auf!

4. Holen Sie das Bügeleisen heraus!

5. Stecken Sie den Stecker in die Steckdose!

6. Stellen Sie das Bügeleisen auf das Bügelbrett!

7. Stellen Sie es an!

8. Warten Sie, bis es heiß ist!

9. Legen Sie Ihr Hemd / Ihre Bluse auf das Bügelbrett!

10. Besprühen Sie es / sie mit Wasser!

11. Ist das Bügeleisen schon heiß?

12. Jawohl, bügeln Sie den Kragen!

13. Bügeln Sie nun die Manschetten!

14. Bügeln Sie als nächstes die Ärmel!

15. Bügeln Sie jetzt den Rest des Hemdes! / der Bluse!

16. Fertig?

17. Ziehen Sie es / sie an!

18. Es / Sie sieht schön aus! Keine Falten mehr.

19. Gut gemacht!

EIN VERKNITTERTES HEMD
ODER EINE VERKNITTERTE BLUSE

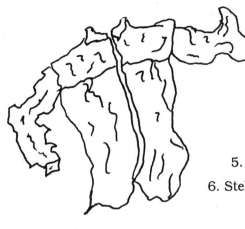

1. Dein Hemd / Deine Bluse ist verknittert.

2. Du solltest es/sie bügeln.

3. Stell das Bügelbrett auf!

4. Hol das Bügeleisen heraus!

5. Steck den Stecker in die Steckdose!

6. Stell das Bügeleisen auf das Bügelbrett!

7. Stell es an!

8. Warte, bis es heiß ist!

9. Leg dein Hemd / deine Bluse auf das Bügelbrett!

10. Besprühe es/sie mit Wasser!

11. Ist das Bügeleisen schon heiß?

12. Jawohl, bügel den Kragen!

13. Bügel nun die Manschetten!

14. Bügel als nächstes die Ärmel!

15. Bügel jetzt den Rest des Hemdes! / der Bluse!

16. Fertig?

17. Zieh es/sie an!

18. Es/Sie sieht schön aus! Keine Falten mehr.

19. Gut gemacht!

EIS ESSEN UND FERNSEHEN

1. Gehen Sie zum Kühlschrank und öffnen Sie ihn!

2. Öffnen Sie das Eisfach!

3. Holen Sie das Eis heraus!

4. Schließen Sie das Eisfach und den Kühlschrank!

5. Tun Sie etwas Eis in eine Schale!

6. Lassen Sie den Karton auf dem Buffet stehen!

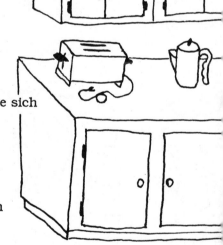

7. Gehen Sie ins andere Zimmer!

8. Schalten Sie den Fernseher ein!

9. Setzen Sie sich hin und schauen Sie sich Ihre Lieblingssendung an!

10. Essen Sie das Eis!

11. Wenn Sie fertig sind, holen Sie sich noch mehr Eis!

12. Oh, nein! Das Eis ist geschmolzen. Sie haben vergessen, es zurückzustellen. Was für eine Sauerei!

EIS ESSEN UND FERNSEHEN

1. Geh zum Kühlschrank und öffne ihn!

2. Öffne das Eisfach!

3. Hol das Eis heraus!

4. Schließ das Eisfach und den Kühlschrank!

5. Tu etwas Eis in eine Schale!

6. Laß den Karton auf dem Buffet stehen!

7. Geh ins andere Zimmer!

8. Schalte den Fernseher an!

9. Setz dich hin und schau dir deine Lieblingssendung an!

10. Iß das Eis!

11. Wenn du fertig bist, hol dir noch mehr Eis!

12. Oh, nein! Das Eis ist geschmolzen. Du hast vergessen, es zurückzustellen. Was für eine Sauerei!

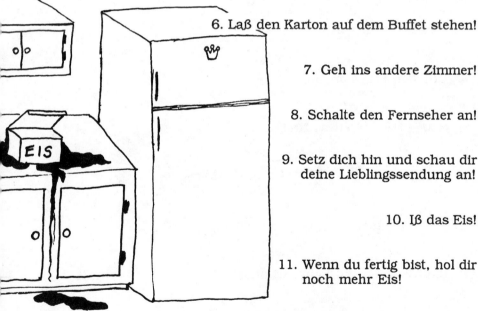

AUF EIN BABY AUFPASSEN

1. Sie werden auf ein Baby aufpassen.

2. Halten Sie das Baby auf Ihrem Schoß!

3. Sie bewundern das Baby: »Oh, was für ein niedliches Baby!«

4. Ist es ein Mädchen oder ein Junge?

5. Küssen Sie es!

6. Umarmen Sie es!

7. Drücken Sie es an sich!

8. Geben Sie ihm etwas Brei!

9. Füttern Sie es!

10. Sehen Sie mal! Es spuckt den Brei aus.

11. Pfui! Was für ein Schmierfink!

12. Legen Sie das Baby hin und wischen Sie ihm den Mund ab!

AUF EIN BABY AUFPASSEN

1. Du wirst auf ein Baby aufpassen.

2. Halte das Baby auf deinem Schoß!

3. Du bewunderst das Baby: »Oh, was für ein niedliches Baby!«

4. Ist es ein Mädchen oder ein Junge?

5. Küß es!

6. Umarme es!

7. Drück es an dich!

8. Gib ihm etwas Brei!

9. Füttere es!

10. Sieh mal! Es spuckt den Brei aus.

11. Pfui! Was für ein Schmierfink!

12. Leg das Baby hin und wisch ihm den Mund ab!

EIN ZERBROCHENES GLAS

KRACH!

1. Oh Gott! Sie haben ein Glas zerbrochen.

2. Heben Sie die großen Scherben* auf!

3. Seien Sie vorsichtig! Schneiden Sie sich nicht!

4. Tragen Sie sie zum Mülleimer!

5. Werfen Sie sie weg!

6. Holen Sie Schaufel und Besen!

7. Gehen Sie zurück zu der Stelle, wo das Glas hinuntergefallen ist!

8. Bücken Sie sich und fegen Sie die kleinen Scherben auf die Schaufel!

9. Werfen Sie sie in den Mülleimer!

10. Tun Sie Schaufel und Besen weg!

11. Holen Sie ein anderes Glas!

12. Vorsicht! Lassen Sie das nicht auch noch fallen!

*Sprichwort: Scherben bringen Glück.

EIN ZERBROCHENES GLAS

KRACH!

1. Oh Gott! Du hast ein Glas zerbrochen.

2. Heb die großen Scherben* auf!

3. Sei vorsichtig! Schneide dich nicht!

4. Trag sie zum Mülleimer!

5. Wirf sie weg!

6. Hol Schaufel und Besen!

7. Geh zurück zu der Stelle, wo das Glas hinuntergefallen ist!

8. Bück dich und feg die kleinen Scherben auf die Schaufel!

9. Wirf sie in den Mülleimer!

10. Tu Schaufel und Besen weg!

11. Hol ein anderes Glas!

12. Vorsicht! Laß das nicht auch noch fallen!

*Sprichwort: Scherben bringen Glück.

ZUM MOND UND ZURÜCK

1. Ihre Hand ist eine Rakete.

2. Die andere Hand ist der Mond.

3. Ihr Schoß ist die Erde.

4. Fliegen Sie weg!

5. Fliegen Sie zum Mond!

6. Umfliegen Sie den Mond!

7. Landen Sie auf dem Mond!

8. Fliegen Sie wieder ab!

9. Fliegen Sie zurück zur Erde!

die Erde

10. Versuchen Sie, auf der Erde zu landen!

11. Oh weh! Etwas stimmt nicht.

12. Die Rakete fällt.

13. Sie stürzt in der Wüste ab.

ZUM MOND UND ZURÜCK

1. Deine Hand ist eine Rakete.

2. Die andere Hand ist der Mond.

3. Dein Schoß ist die Erde.

4. Flieg weg!

der Mond

5. Flieg zum Mond!

6. Umflieg den Mond!

ein Stern

7. Lande auf dem Mond!

8. Flieg wieder ab!

9. Flieg zurück zur Erde!

10. Versuch, auf der Erde zu landen!

11. Oh weh! Etwas stimmt nicht.

12. Die Rakete fällt.

13. Sie stürzt in der Wüste ab.

SPIELEN WIR BALL

1. He, Hans, fangen Sie den Ball!

2. Gut gefangen!

3. Werfen Sie den Ball zurück!

4. Huch! Ich habe ihn fallen lassen.

5. He, fangen Sie den Ball!

6. Ja, nun prellen Sie ihn auf den Boden auf!

7. Werfen Sie ihn gegen die Wand!

8. Versuchen Sie, ihn zu fangen!

9. Schade! Sie haben ihn nicht gefangen.
   Holen Sie ihn!

10. Werfen Sie ihn in die Luft!

11. Rollen Sie ihn zu mir!

12. Passen Sie auf! Hier, für Sie!

13. Prima! Gut gefangen!

14. Nun schießen Sie ihn hierher!

15. Danke. Ich muß jetzt gehen. Tschüß.

16. Oh, übrigens, möchten Sie morgen wieder
    mit mir Ball spielen?

SPIELEN WIR BALL

1. He, Hans, fang den Ball!

2. Gut gefangen!

3. Wirf den Ball zurück!

4. Huch! Ich habe ihn fallen lassen.

5. He, fang den Ball!

6. Ja, nun prelle ihn auf den Boden auf!

7. Wirf ihn gegen die Wand!

8. Versuch, ihn zu fangen!

9. Schade! Du hast ihn nicht gefangen.
   Hol ihn!

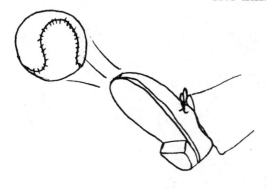

10. Wirf ihn in die Luft!

11. Roll ihn zu mir!

12. Paß auf! Hier, für dich!

13. Prima! Gut gefangen!

14. Nun schieß ihn hierher!

15. Danke. Ich muß jetzt gehen. Tschüß.

16. Oh, übrigens, möchtest du morgen wieder
    mit mir Ball spielen?

DER SCHLUCKAUF

1. Sie haben einen Schluckauf.

2. Wollen Sie ihn loswerden?

3. Atmen Sie tief ein!

4. Halten Sie den Atem an!

5. Zählen Sie mit Ihren Fingern bis zwanzig!

6. Atmen Sie aus!

7. Ist er weg?

8. Füllen Sie ein Glas mit Wasser!

9. Trinken Sie das ganze Wasser auf einmal!

10. Ist er weg?

11. Nehmen Sie den Pfeffer!

12. Schütten Sie eine Prise Pfeffer auf die Handfläche!

13. Ziehen Sie den Pfeffer mit der Nase hoch!

14. Nießen Sie!

15. Ist er weg?

16. Drehen Sie sich um!

17. Schließen Sie Ihre Augen!

18. HUH!

19. Ist er weg?

DER SCHLUCKAUF

1. Du hast einen Schluckauf.

2. Willst du ihn loswerden?

3. Atme tief ein!

4. Halte den Atem an!

5. Zähl mit deinen Fingern bis zwanzig!

6. Atme aus!

7. Ist er weg?

8. Füll ein Glas mit Wasser!

9. Trink das ganze Wasser auf einmal!

10. Ist er weg?

11. Nimm den Pfeffer!

12. Schütte eine Prise Pfeffer auf die Handfläche!

13. Zieh den Pfeffer mit der Nase hoch!

14. Nieß!

15. Ist er weg?

16. Dreh dich um!

17. Schließ deine Augen!

18. HUH!

19. Ist er weg?

EINE TELEPHONZELLE BENUTZEN

1. Sie möchten telephonieren.

2. Gehen Sie in die Telephonzelle!

3. Schauen Sie in den Rückgabe-Schlitz!
   Nichts drin!

4. Nehmen Sie den Hörer ab!

5. Nehmen Sie drei Groschen heraus!

6. Stecken Sie sie in den Schlitz!

7. Warten Sie auf das Freizeichen!......
   Hören Sie es?

8. Wählen Sie die Nummer!

9. Die Leitung ist besetzt. Legen Sie auf!

10. Die Groschen kommen zurück.

11. Warten Sie einige Minuten!

12. Pfeifen Sie eine Melodie!

13. Wählen Sie noch einmal!

14. Diesmal klappt es.

15. Unterhalten Sie sich mit Ihrem Freund!
    Ihrer Freundin!

EINE TELEPHONZELLE BENUTZEN

1. Du möchtest telephonieren.

2. Geh in die Telephonzelle!

3. Schau in den Rückgabe-Schlitz!
Nichts drin!

4. Nimm den Hörer ab!

5. Nimm drei Groschen heraus!

6. Steck sie in den Schlitz!

7. Warte auf das Freizeichen!......
Hörst du es?

8. Wähl die Nummer!

9. Die Leitung ist besetzt. Leg auf!

10. Die Groschen kommen zurück.

11. Warte einige Minuten!

12. Pfeif eine Melodie!

13. Wähl noch einmal!

14. Diesmal klappt es.

15. Unterhalte dich mit   deinem Freund!
deiner Freundin!

SUPPE ZUM MITTAGESSEN

1. Sie werden Suppe zum Mittagessen kochen.

2. Nehmen Sie ein Päckchen Fertigsuppe!

3. Messen Sie das Wasser ab und gießen Sie es in einen Topf!

4. Stellen Sie den Topf auf den Herd!

5. Schalten Sie die Kochplatte ein!

6. Öffnen Sie die Packung!

7. Schütten Sie das Suppenpulver in den Topf!

8. Rühren Sie die Suppe öfter um!

9. Tun Sie den Deckel auf den Topf!

10. Warten Sie eine Weile!

11. Nehmen Sie den Deckel ab und probieren Sie, ob die Suppe fertig ist!

12. Sie ist fertig. Schalten Sie den Herd aus!

13. Gießen Sie etwas Suppe in einen Suppenteller!

14. Nehmen Sie einen Löffel und essen Sie die Suppe!

15. Oh, die Suppe ist zu heiß! Blasen Sie drauf!

16. Warten Sie, bis sie abgekühlt ist!

17. Gut. Probieren Sie noch einmal! Ah, Lecker!

SUPPE ZUM MITTAGESSEN

1. Du wirst Suppe zum Mittagessen kochen.

2. Nimm ein Päckchen Fertigsuppe!

 3. Miß das Wasser ab und gieß es in einen Topf!

4. Stell den Topf auf den Herd!

5. Schalte die Kochplatte an!

6. Öffne die Packung!

7. Schütte das Suppenpulver in den Topf!

 8. Rühr die Suppe öfter um!

9. Tu den Deckel auf den Topf!

10. Warte eine Weile!

11. Nimm den Deckel ab und probier, ob die Suppe fertig ist!

12. Sie ist fertig. Schalte den Herd aus!

13. Gieß etwas Suppe in einen Suppenteller!

14. Nimm einen Löffel und iß die Suppe!

15. Oh, die Suppe ist zu heiß! Blas drauf!

16. Warte, bis sie abgekühlt ist!

17. Gut. Probier noch einmal! Ah. Lecker!

EINE GLÜHBIRNE WECHSELN

1. Schalten Sie das Licht an! Die Glühbirne ist durchgebrannt!

2. Sie müssen die Birne wechseln.

3. Holen Sie eine neue!

4. Ziehen Sie den Stecker aus der Steckdose!

5. Nehmen Sie den Lampenschirm ab!

6. Schrauben Sie die alte Birne heraus!

7. Schrauben Sie die neue in die Fassung!

8. Setzen Sie den Lampenschirm wieder drauf!

9. Stecken Sie den Stecker in die Steckdose!

10. Schalten Sie die Lampe an! Sie funktioniert, das Licht brennt wieder!

11. Werfen Sie die alte Birne weg!

EINE GLÜHBIRNE WECHSELN

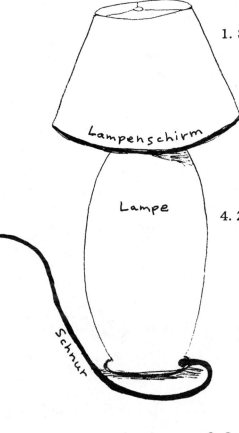

Lampenschirm

Lampe

Schnur

1. Schalte das Licht an! Die Glühbirne ist durchgebrannt!

2. Du mußt die Birne wechseln.

3. Hol eine neue!

4. Zieh den Stecker aus der Steckdose!

5. Nimm den Lampenschirm ab!

6. Schraub die alte Birne heraus!

7. Schraub die neue in die Fassung!

8. Setz den Lampenschirm wieder drauf!

9. Steck den Stecker in die Steckdose!

10. Schalte die Lampe an! Sie funktioniert, das Licht brennt wieder!

11. Wirf die alte Birne weg!

EIN BLUTIGES KNIE

1. Sie gehen die Straße entlang.

2. Sie fallen hin und schürfen sich das Knie auf.
   Schreien Sie: »Au! Au! Au«!

3. Stehen Sie auf!

4. Weinen Sie! Es tut weh.

5. Sehen Sie sich das Knie an! Es blutet.

6. Tun Sie ein Taschentuch drauf!

7. Humpeln Sie zur Apotheke!

8. Kaufen Sie Desinfektionsmittel und Pflaster!

9. Humpeln Sie nach Hause!

10. Reinigen Sie die Wunde!

11. Tun Sie etwas Desinfektionsmittel drauf!
    Au! Es brennt.

12. Pusten Sie auf die Wunde!

13. Packen Sie das Pflaster aus!

14. Kleben Sie es über die Wunde!

15. Werfen Sie die Verpackung weg!

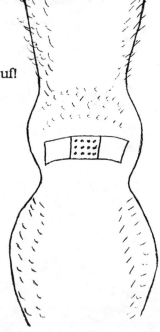

EIN BLUTIGES KNIE

1. Du gehst die Straße entlang.

2. Du fällst hin und schürfst dir das Knie auf. Schrei: »Au! Au! Au«!

3. Steh auf!

4. Weine! Es tut weh.

5. Sieh dir das Knie an! Es blutet.

6. Tu ein Taschentuch drauf!

7. Humpel zur Apotheke!

8. Kauf Desinfektionsmittel und Pflaster!

9. Humpel nach Hause!

10. Reinige die Wunde!

11. Tu etwas Desinfektionsmittel drauf! Au! Es brennt.

12. Puste auf die Wunde!

13. Pack das Pflaster aus!

14. Kleb es über die Wunde!

15. Wirf die Verpackung weg!

RÜHREIER

1. Sie werden Rühreier zum Frühstück machen.

2. Schlagen Sie drei Eier in eine Schüssel! ◯◯◯

3. Nehmen Sie den Schneebesen!

4. Schlagen Sie die Eier!

5. Tun Sie eine Prise Salz und ein bißchen Milch hinzu!

6. Rühren Sie die Eier mit einem Löffel!

7. Geben Sie ein bißchen Öl in die Pfanne!

8. Stellen Sie sie auf die Kochplatte, um sie zu erhitzen!

9. Gießen Sie die Flüssigkeit in die Pfanne!

10. Rühren Sie die Eier!

11. Bevor das Ei ganz fest ist, schalten Sie den Herd aus!

12. Servieren Sie die Rühreier auf einem Teller!

13. Essen Sie sie! Lassen Sie sie sich gut schmecken!

RÜHREIER

1. Du wirst Rühreier zum Frühstück machen.

2. Schlag drei Eier in eine Schüssel!

3. Nimm den Schneebesen!

4. Schlag die Eier!

5. Tu eine Prise Salz und ein bißchen Milch hinzu!

6. Rühr die Eier mit einem Löffel!

7. Gib ein bißchen Öl in die Pfanne!

8. Stell sie auf die Kochplatte, um sie zu erhitzen!

9. Gieß die Flüssigkeit in die Pfanne!

10. Rühr die Eier!

11. Bevor das Ei ganz fest ist, schalte den Herd aus!

12. Servier die Rühreier auf einem Teller!

13. Iß sie! Laß sie dir gut schmecken!

REISESCHECK*

1. Sie müssen einen Reisescheck einlösen.

2. Gehen Sie zur Bank!
   Sparkasse!
   Wechselstube!

3. Nehmen Sie den Reisescheck und Ihren Paß heraus!

4. Gehen Sie zum Schalter und stellen Sie sich in die Schlange!

5. Rücken Sie auf, bis Sie an der Reihe sind!

6. Unterschreiben Sie den Reisescheck!

7. Reichen Sie ihn und Ihren Paß dem Kassierer!
   der Kassiererin!

8. Sagen Sie: »Ich hätte gern 50 Dollar in D-Mark umgetauscht«!

9. Warten Sie, bis der Kassierer das Formular
   die Kassiererin
   ausgefüllt hat!

10. Unterschreiben Sie es!

11. Nehmen Sie das Bargeld und Ihren Paß!

12. Stellen Sie sich an die Seite und zählen Sie das Geld nach!

13. Stecken Sie das Geld in Ihre Geldbörse!
    Ihr Portemonnaie!

14. Stecken Sie Ihren Paß ein!

15. Gehen Sie raus!

*Sie können einen Reisescheck auf Seite LXVII finden, vor der Seite 1.

REISESCHECK*

1. Du mußt einen Reisescheck einlösen.

2. Geh zur
    Bank!
    Sparkasse!
    Wechselstube!

3. Nimm den Reisescheck und deinen Paß heraus!

4. Geh zum Schalter und stell dich in die Schlange!

5. Rück auf, bis du an der Reihe bist!

6. Unterschreib den Reisescheck!

7. Reich ihn und deinen Paß
    dem Kassierer!
    der Kassiererin!

8. Sag: »Ich hätte gern 50 Dollar in D-Mark umgetauscht«!

9. Warte, bis
    der Kassierer
    die Kassiererin das Formular
    ausgefüllt hat!

10. Unterschreib es!

11. Nimm das Bargeld und deinen Paß!

12. Stell dich an die Seite und zähl das Geld nach!

13. Steck das Geld in
    deine Geldbörse!
    dein Portemonnaie!

14. Steck deinen Paß ein!

15. Geh raus!

*Sie können einen Reisescheck auf Seite LXVII finden, vor der Seite 1.

EIN ZERBROCHENER TELLER

KRACH!

1. Au weia! Sie haben einen Teller zerbrochen. Reparieren Sie ihn!

2. Heben Sie alle Scherben* auf!

3. Holen Sie den Klebstoff!

4. Schrauben Sie den Deckel ab!

5. Drücken Sie etwas aus der Tube!

6. Bestreichen Sie die Ränder mit Klebstoff!

7. Drücken Sie die Stücke zusammen!

8. Pressen Sie die Stücke ein paar Minuten fest zusammen!

9. Setzen Sie den Teller vorsichtig hin!

10. Schrauben Sie die Tube wieder zu!

11. Legen Sie den Klebstoff weg!

12. Lassen Sie den geklebten Teller über Nacht trocknen!

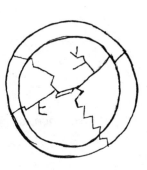

13. Großartig! Sie haben es geschafft.

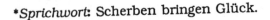

*Sprichwort: Scherben bringen Glück.

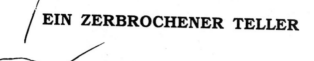

EIN ZERBROCHENER TELLER

KRACH!

1. Au weia! Du hast einen Teller zerbrochen. Reparier ihn!

2. Heb alle Scherben* auf!

3. Hol den Klebstoff!

4. Schraub den Deckel ab!

5. Drück etwas aus der Tube!

6. Bestreich die Ränder mit Klebstoff!

7. Drück die Stücke zusammen!

8. Preß die Stücke ein paar Minuten fest zusammen!

9. Setz den Teller vorsichtig hin!

10. Schraub die Tube wieder zu!

11. Leg den Klebstoff weg!

12. Laß den geklebten Teller über Nacht trocknen!

13. Großartig! Du hast es geschafft.

*Sprichwort: Scherben bringen Glück.

EIN ZAUBERTRICK

1. Sie werden einen Zaubertrick vorführen.

2. Füllen Sie ein Glas mit Wasser!

3. Streuen Sie Salz auf einen Teller!

4. Tauchen Sie eine Schnur ins Wasser, damit sie naß wird!

5. Dann rollen Sie die nasse Schnur im Salz!

6. Tun Sie einen Eiswürfel in das Glas Wasser!

7. Streuen Sie Salz auf den Eiswürfel!

8. Halten Sie ein Ende der Schnur fest!

9. Legen Sie das andere Ende der Schnur auf den Eiswürfel!

10. Warten Sie einen Augenblick!

11. Sagen Sie das Zauberwort: »Abrakadabra!« oder »Simsalabim«!

12. Ziehen Sie die Schnur heraus!

13. Großartig! Das ist erstaunlich!

14. Sie sind ein großer Zauberer.
    eine große Zauberin.

EIN ZAUBERTRICK

1. Du wirst einen Zaubertrick vorführen.

2. Füll ein Glas mit Wasser!

3. Streu Salz auf einen Teller!

4. Tauch eine Schnur ins Wasser, damit sie naß wird!

 5. Dann roll die nasse Schnur im Salz!

6. Tu einen Eiswürfel in das Glas Wasser!

7. Streu Salz auf den Eiswürfel!

8. Halte ein Ende der Schnur fest!

9. Leg das andere Ende der Schnur auf den Eiswürfel!

10. Warte einen Augenblick!

 11. Sag das Zauberwort: »Abrakadabra!« oder »Simsalabim«!

12. Zieh die Schnur heraus!

13. Großartig! Das ist erstaunlich!

14. Du bist ein großer Zauberer.
eine große Zauberin.

EINEN BRIEF SCHREIBEN

1. Sie werden einem Freund / einer Freundin einen Brief schreiben.

2. Schreiben Sie das Datum in die rechte obere Ecke!

3. Schreiben Sie »Liebe« / »Lieber« und den Namen Ihres Freundes / Ihrer Freundin

   mit Ausrufungszeichen!

4. Schreiben Sie den Brief!

5. Unterschreiben Sie ihn!

6. Falten Sie den Brief!

7. Stecken Sie ihn in einen Briefumschlag!

8. Feuchten Sie den Rand an und kleben Sie ihn zu!

9. Schreiben den Namen und die Adresse Ihres Freundes / Ihrer Freundin auf den Umschlag!

10. Schreiben Sie Ihren eigenen Namen und Ihre Adresse klein oben auf die Rückseite!

11. Reißen Sie eine Briefmarke ab!

12. Feuchten Sie sie an!

13. Kleben Sie sie in die rechte obere Ecke!

14. Bringen Sie den Brief zum Briefkasten!

15. Werfen Sie ihn ein!

EINEN BRIEF SCHREIBEN

1. Du wirst einem Freund / einer Freundin einen Brief schreiben.

2. Schreib das Datum in die rechte obere Ecke!

3. Schreib »Liebe« / »Lieber« und den Namen deines Freundes / deiner Freundin

mit Ausrufungszeichen!

4. Schreib den Brief!

5. Unterschreib ihn!

6. Falte den Brief!

7. Steck ihn in einen Briefumschlag!

8. Feuchte den Rand an und kleb ihn zu!

9. Schreib den Namen und die Adresse deines Freundes / deiner Freundin auf den Umschlag!

10. Schreib deinen eigenen Namen und deine Adresse klein oben auf die Rückseite!

11. Reiß eine Briefmarke ab!

12. Feuchte sie an!

13. Kleb sie in die rechte obere Ecke!

14. Bring den Brief zum Briefkasten!

15. Wirf ihn ein!

INS KINO GEHEN

1. Gehen Sie zum Kino!

2. Kaufen Sie eine Kinokarte!

3. Geben Sie die Karte dem Kartenkontrolleur
   der Kartenkontrolleurin
   an der Tür!

4. Gehen Sie in das Foyer!

5. Kaufen Sie Chips und etwas zu trinken!

6. Gehen Sie in den Kinosaal!

7. Schauen Sie sich nach einem guten Platz um!

8. Hier ist einer. Setzen Sie sich hin!

9. Schauen Sie den Film an und lächeln Sie!

10. Oh, dieser Teil ist traurig. Weinen Sie!

11. Nehmen Sie ein Papiertaschentuch aus der Tasche und wischen Sie sich die Tränen ab!

12. Dieser Teil ist furchterregend. Öffnen Sie die Augen weit und schreien Sie!

13. Dieser Teil ist lustig. Lachen Sie!

14. Nun ist der Film zu Ende. Klatschen Sie!

15. Stehen Sie auf und gehen Sie!

16. Wie hat Ihnen der Film gefallen?

INS KINO GEHEN

1. Geh zum Kino!

2. Kauf eine Kinokarte!

3. Gib die Karte dem Kartenkontrolleur
der Kartenkontrolleurin
an der Tür!

4. Geh in das Foyer!

5. Kauf Chips und etwas zu trinken!

6. Geh in den Kinosaal!

7. Schau dich nach einem guten Platz um!

8. Hier ist einer. Setz dich hin!

9. Schau den Film an und lächele!

10. Oh, dieser Teil ist traurig. Weine!

11. Nimm ein Papiertaschentuch aus der
Tasche und wisch dir die Tränen ab!

12. Dieser Teil ist furchterregend. Öffne
die Augen weit und schrei!

13. Dieser Teil ist lustig. Lach!

14. Nun ist der Film zu Ende. Klatsch!

15. Steh auf und geh!

16. Wie hat dir der Film gefallen?

EINE EINKAUFSLISTE ANFERTIGEN

1. Machen Sie eine Einkaufsliste!

2. Vergessen Sie die Butter nicht!

3. Radieren Sie *Zucker* aus! Sie haben genug Zucker.

4. Streichen Sie *Süßigkeiten* aus! Sie brauchen keine Süßigkeiten, weil Sie abnehmen möchten.

5. Unterstreichen Sie *Fleisch*, damit Sie es nicht vergessen!

6. Malen Sie einen Kreis um *Brot*! Das ist wichtig.

7. Schreiben Sie *MILCH* in großen Buchstaben!

8. Was für eine schlampige Liste!

9. Fangen Sie noch einmal an!

10. Schreiben Sie nur die Dinge auf, die Sie wirklich brauchen!

11. Das ist besser.

12. Streichen Sie die erste Liste durch!

13. Nehmen Sie Ihre Liste zum Einkaufen mit!

14. Vergessen Sie das Geld nicht!

EINE EINKAUFSLISTE ANFERTIGEN

1. Mach eine Einkaufsliste!

2. Vergiß die Butter nicht!

3. Radier *Zucker* aus! Du hast genug Zucker.

4. Streich *Süßigkeiten* aus! Du brauchst keine Süßigkeiten, weil du abnehmen möchtest.

5. Unterstreich *Fleisch*, damit du es nicht vergißt!

6. Mal einen Kreis um *Brot*! Das ist wichtig.

7. Schreib *MILCH* in großen Buchstaben!

8. Was für eine schlampige Liste!

9. Fang noch einmal an!

10. Schreib nur die Dinge auf, die du wirklich brauchst!

11. Das ist besser.

12. Streich die erste Liste durch!

13. Nimm deine Liste zum Einkaufen mit!

14. Vergiß das Geld nicht!

EINKAUFEN GEHEN

1. Sie sind im Supermarkt.

2. Gehen Sie zur Obst- und Gemüseabteilung!

3. Suchen Sie sich ein paar Früchte aus!

4. Stecken Sie Bananen in einen Plastikbeutel!

5. Legen Sie den Beutel auf die Waage!

6. Drücken Sie an der Waage auf den Knopf,
   auf dem Bananen abgebildet sind!

7. Nehmen Sie das ausgedruckte Preisschild aus
   der Waage und kleben Sie es auf den Plastikbeutel!

8. Legen Sie die Bananen in den Einkaufswagen!

9. Suchen Sie etwas Gemüse aus!

10. Wiegen Sie es!

11. Das ist zuviel. Legen Sie etwas zurück!

12. Gehen Sie zu den Milchprodukten!

13. Nehmen Sie einen Karton Milch!

14. Das sind genug Lebensmittel.
    Gehen Sie zur Kasse!

15. Stellen Sie sich an!

16. Sagen Sie »Guten Tag!« zum Kassierer!
    zur Kassiererin!

17. Zahlen Sie!

18. Packen Sie alles ein!

19. Nehmen Sie die Einkaufstasche
    mit den Lebensmitteln
    und gehen Sie nach Hause!

EINKAUFEN GEHEN

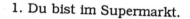

1. Du bist im Supermarkt.

2. Geh zur Obst- und Gemüseabteilung!

3. Such dir ein paar Früchte aus!

4. Steck Bananen in einen Plastikbeutel!

5. Leg den Beutel auf die Waage!

6. Drück an der Waage auf den Knopf, auf dem Bananen abgebildet sind!

7. Nimm das ausgedruckte Preisschild aus der Waage und kleb es auf den Plastikbeutel!

8. Leg die Bananen in den Einkaufswagen!

9. Such etwas Gemüse aus!

10. Wieg es!

11. Das ist zuviel. Leg etwas zurück!

12. Geh zu den Milchprodukten!

13. Nimm einen Karton Milch!

14. Das sind genug Lebensmittel. Geh zur Kasse!

15. Stell dich an!

16. Sag »Guten Tag!« zum Kassierer! zur Kassiererin!

17. Zahl!

18. Pack alles ein!

19. Nimm die Einkaufstasche mit den Lebensmitteln und geh nach Hause!

EINE WEGBESCHREIBUNG GEBEN

1. Lassen Sie uns zu Herrn/Frau _____s Haus fahren!

2. Fahren Sie! Ich werde auf dem Beifahrersitz sitzen.

3. Es ist diese Richtung. Drehen Sie um!

4. Fahren Sie bis zu der Ampel da vorne!

5. Biegen Sie an der Ampel links ab!

6. Fahren Sie gleich nach dem Geschäft auf die Autobahn!

7. Ich glaube, es ist die zweite Ausfahrt. Da ist sie — Känguruhstadt.

8. Fahren Sie geradeaus bis zur dritten Kreuzung!

9. Biegen Sie an dem Stopschild rechts ab!

10. Hey, fahren Sie langsamer!

11. Fahren Sie den Hügel hoch! Es ist ungefähr auf der Hügelspitze.

12. Oh! Wir haben es verpaßt. Fahren Sie rückwärts!

13. Hier ist es. Schauen Sie, es ist gegenüber von der Schule.

14. O.k., parken Sie hier!

EINE WEGBESCHREIBUNG GEBEN

1. Laß uns zu _____s Haus fahren!

2. Fahr du! Ich werde auf dem Beifahrersitz sitzen.

3. Es ist diese Richtung. Dreh um!

4. Fahr bis zu der Ampel da vorne!

5. Bieg an der Ampel links ab!

6. Fahr gleich nach dem Geschäft auf die Autobahn!

7. Ich glaube, es ist die zweite Aussfahrt. Da ist sie — Känguruhstadt.

8. Fahr geradeaus bis zur dritten Kreuzung!

9. Bieg an dem Stopschild rechts ab!

10. Hey, fahr langsamer!

11. Fahr den Hügel hoch! Es ist ungefähr auf der Hügelspitze.

12. Oh! Wir haben es verpaßt. Fahr rückwärts!

13. Hier ist es. Schau, es ist gegenüber von der Schule.

14. O.k., park hier!

86

HAARSCHNITT

1. Ihre Haare sind zu lang. Sie müssen sie sich schneiden lassen.

2. Gehen Sie zum Friseur!
   zur Friseuse!

3. Der Friseur ist beschäftigt.
   Die Friseuse

4. Setzen Sie sich hin und warten Sie, bis Sie dran sind!

5. Lesen Sie eine Zeitschrift, während Sie warten!

   Der Friseur sagt: »Der Nächste!«
   Die Friseuse   »Die

6. Stehen Sie auf!

7. Setzen Sie sich auf den Stuhl!

8. Sprechen Sie mit dem Friseur!
   der Friseuse!

9. Sehen Sie ihn im Spiegel an, während er
   sie   sie

   Ihre Haare schneidet!

10. Er ist fertig. Betrachten Sie sich im Spiegel!
    Sie

11. Sie sehen großartig aus. Stehen Sie auf!

12. Zahlen Sie an der Kasse!

13. Was für ein toller Friseur! Geben Sie ihm ein Trinkgeld!
    eine tolle Friseuse!   ihr

HAARSCHNITT

1. Deine Haare sind zu lang. Du mußt sie dir schneiden lassen.

2. Geh zum Friseur! / zur Friseuse!

3. Der Friseur / Die Friseuse ist beschäftigt.

4. Setz dich hin und warte, bis du dran bist!

5. Lies eine Zeitschrift, während du wartest!

Der Friseur / Die Friseuse sagt: »Der / »Die Nächste!«

6. Steh auf!

7. Setz dich auf den Stuhl!

8. Sprich mit dem Friseur! / der Friseuse!

9. Sieh ihn / sie im Spiegel an, während er / sie deine Haare schneidet!

10. Er / Sie ist fertig. Betrachte dich im Spiegel!

11. Du siehst großartig aus. Steh auf!

12. Zahl an der Kasse!

13. Was für ein toller Friseur! / eine tolle Friseuse! Gib ihm / ihr ein Trinkgeld!

ORANGEN ESSEN

1. Es gibt drei Möglichkeiten,
   eine Orange zu essen.

2. *Die erste Möglichkeit ist:*

   3. Schälen Sie die Orange!

   4. Teilen Sie sie!

   5. Suchen Sie die Kerne raus!

   6. Essen Sie die Scheibchen!

7. *Die zweite Möglichkeit ist:*

   8. Schneiden Sie die Orange in zwei Hälften,
      dann in Viertel und schließlich in
      Achtel!

   9. Beißen Sie das Fruchtfleisch von der
      Schale ab!

   10. Spucken Sie die Kerne aus!

11. *Die dritte Möglichkeit ist:*

    12. Rollen Sie die Orange zwischen
        den Händen!

    13. Schneiden Sie ein Loch in ein Ende!

    14. Quetschen Sie die Orange aus!

    15. Saugen Sie den Saft heraus!

ORANGEN ESSEN

1. Es gibt drei Möglichkeiten,
   eine Orange zu essen.

2. *Die erste Möglichkeit ist:*

   3. Schäl die Orange!

   4. Teile sie!

   5. Such die Kerne raus!

   6. Iß die Scheibchen!

7. *Die zweite Möglichkeit ist:*

   8. Schneide die Orange in zwei Hälften,
      dann in Viertel und schließlich in
      Achtel!

   9. Beiß das Fruchtfleisch von der
      Schale ab!

   10. Spuck die Kerne aus!

11. *Die dritte Möglichkeit ist:*

   12. Roll die Orange zwischen
       den Händen!

   13. Schneide ein Loch in ein Ende!

   14. Quetsch die Orange aus!

   15. Saug den Saft heraus!

EIN REGENTAG

1. Sie gehen im Regen spazieren.

2. Halt! Da ist eine große Pfütze.

3. Springen Sie über die Pfütze!

4. Oh, es hat aufgehört zu regnen. Machen Sie Ihren Regenschirm zu!

5. Gehen Sie weiter!

6. Seien Sie vorsichtig! Da ist es matschig.

7. Sie rutschen aus.

8. Sie fallen hin.

9. Stehen Sie auf und sehen Sie sich an! Sie sind sehr schmutzig.

10. Gehen Sie zurück zur Pfütze!

11. Treten Sie hinein!

12. Stampfen Sie mit Ihren Füßen!

    PLATSCH!

13. Springen Sie auf und ab!

14. Gehen Sie aus der Pfütze!

15. Sehen Sie sich an! Sie sind ganz naß.

16. Gehen Sie nach Hause und ziehen Sie sich um!

EIN REGENTAG

1. Du gehst im Regen spazieren.

2. Halt! Da ist eine große Pfütze.

3. Spring über die Pfütze!

4. Oh, es hat aufgehört zu regnen. Mach deinen Regenschirm zu!

5. Geh weiter!

6. Sei vorsichtig! Da ist es matschig.

7. Du rutschst aus.

8. Du fällst hin.

9. Steh auf und sieh dich an! Du bist sehr schmutzig.

10. Geh zurück zur Pfütze!

11. Tritt hinein!

12. Stampf mit deinen Füßen!

PLATSCH!

13. Spring auf und ab!

14. Geh aus der Pfütze!

15. Sieh dich an! Du bist ganz naß.

16. Geh nach Hause und zieh dich um!

EINE UNANGENEHME, HOLPRIGE BUSFAHRT

1. Sie warten auf den Bus.

2. Oh! Da kommt er.

3. Steigen Sie ein!

4. Bezahlen Sie das Fahrgeld!

5. Verlangen Sie eine Fahrkarte!

6. Ach, du meine Güte! Der Fahrer / Die Fahrerin fährt wild. Fallen Sie hin!

7. Stehen Sie auf!

8. Sagen Sie dem Fahrer, / der Fahrerin, daß er / sie ordentlich fahren soll: »Fahren Sie bitte vorsichtiger«!

9. Setzen Sie sich hin! Schauen Sie aus dem Fenster!

10. Sie werden durchgerüttelt.

11. Passen Sie auf, wann Ihre Haltestelle kommt!

12. Da ist sie. Drücken Sie den Knopf!

13. Bitte, stehen Sie erst auf, wenn der Bus hält!

14. Stehen Sie jetzt auf und gehen Sie zum hinteren Ausgang!

15. Machen Sie die Tür auf!

16. Steigen Sie die Treppe hinunter und aus dem Bus!

17. Wischen Sie sich die Stirn und sagen Sie: »Huch! Was für eine Fahrt«!

EINE UNANGENEHME, HOLPRIGE BUSFAHRT

1. Du wartest auf den Bus.

2. Oh! Da kommt er.

3. Steig ein!

4. Bezahl das Fahrgeld!

5. Verlang eine Fahrkarte!

6. Ach, du meine Güte! Der Fahrer / Die Fahrerin fährt wild. Fall hin!

7. Steh auf!

8. Sag dem Fahrer, / der Fahrerin, daß er / sie ordentlich fahren soll: »Fahren Sie bitte vorsichtiger«!

9. Setz dich hin! Schau aus dem Fenster!

10. Du wirst durchgerüttelt.

11. Paß auf, wann deine Haltestelle kommt!

12. Da ist sie. Drück den Knopf!

13. Bitte, steh erst auf, wenn der Bus hält!

14. Steh jetzt auf und geh zum hinteren Ausgang!

15. Mach die Tür auf!

16. Steig die Treppe hinunter und aus dem Bus!

17. Wisch dir die Stirn und sag: »Huch! Was für eine Fahrt«!

EIN FEUER MACHEN

1. Brrr! Es ist kalt! Laß uns ein Feuer anmachen.

2. Gehen Sie in den Keller!

3. Zerhacken Sie einen großen Holzklotz mit einem Beil!

4. Tragen Sie die Scheite hinauf!

5. Legen Sie sie neben den Kamin!

6. Legen Sie etwas Papier in den Kamin!

7. Legen Sie einige dünne Holzspäne auf das Papier!

8. Legen Sie die Holzscheite darauf!

9. Zünden Sie ein Streichholz an!

10. Halten Sie das Streichholz an das Papier, um das Feuer anzuzünden!

11. Blasen Sie es an!

12. Schüren Sie es!... Gut. Es brennt.

13. Setzen Sie sich in Ihren Schaukelstuhl!

14. Schaukeln Sie hin und her!

15. Schauen Sie das Feuer an! Herrlich! Faszinierend!

16. Löschen Sie das Feuer, bevor Sie einschlafen!

EIN FEUER MACHEN

1. Brrr! Es ist kalt! Laß uns ein Feuer anmachen.

2. Geh in den Keller!

3. Zerhack einen großen Holzklotz mit einem Beil!

4. Trag die Scheite hinauf!

5. Leg sie neben den Kamin!

6. Leg etwas Papier in den Kamin!

7. Leg einige dünne Holzspäne auf das Papier!

8. Leg die Holzscheite darauf!

9. Zünde ein Streichholz an!

10. Halte das Streichholz an das Papier, um das Feuer anzuzünden!

11. Blas es an!

12. Schür es!... Gut. Es brennt.

13. Setz dich in deinen Schaukelstuhl!

14. Schaukele hin und her!

15. Schau das Feuer an! Herrlich! Faszinierend!

16. Lösch das Feuer, bevor du einschläfst!

SCHWIMMEN GEHEN

1. Sie gehen schwimmen.

2. Ziehen Sie sich Ihre Badehose / Ihren Badeanzug an!

3. Stellen Sie sich an den Rand des Schwimmbeckens!

4. Atmen Sie tief ein!

5. Halten Sie sich die Nase zu!

6. Springen Sie hinein!

   PLATSCH!

7. Schwimmen Sie quer durch das Becken!

8. Klettern Sie die Leiter hinauf und gehen Sie hinaus!

9. Gehen Sie zum Sprungbrett!

10. Steigen Sie auf das Sprungbrett und laufen Sie vor bis zum Rand!

11. Machen Sie einen Kopfsprung!

12. Schwimmen Sie unter Wasser weiter!

13. Halten Sie die Luft an!

14. Schwimmen Sie an die Wasseroberfläche!

15. Halten Sie sich am Beckenrand fest!

16. Atmen Sie kräftig durch!

17. Bespritzen Sie Ihren Freund! / Ihre Freundin!

SCHWIMMEN GEHEN

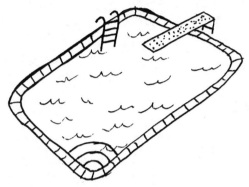

1. Du gehst schwimmen.

2. Zieh dir Ihre Badehose / Ihren Badeanzug an!

3. Stell dich an den Rand des Schwimmbeckens!

4. Atme tief ein!

5. Halte dir die Nase zu!

6. Spring hinein!

PLATSCH!

7. Schwimm quer durch das Becken!

8. Kletter die Leiter hinauf und geh hinaus!

9. Geh zum Sprungbrett!

10. Steig auf das Sprungbrett und lauf vor bis zum Rand!

11. Mach einen Kopfsprung!

12. Schwimm unter Wasser weiter!

13. Halte die Luft an!

14. Schwimm an die Wasseroberfläche!

15. Halte dich am Beckenrand fest!

16. Atme kräftig durch!

17. Bespritz deinen Ihren Freund! / Ihre Freundin!

TOAST ZUBEREITEN

1. Sie werden Toast essen.

2. Schneiden Sie eine Scheibe Brot ab!

3. Stecken Sie sie in den Toaster!

4. Drücken Sie den Schalter hinunter!

5. Warten Sie ein wenig!

6. Der Toast ist fertig.

7. Nehmen Sie den Toast heraus und legen Sie ihn auf den Teller!

8. Streichen Sie etwas Butter drauf!

9. Sehen Sie zu, wie sie schmilzt!

10. Tun Sie einen Löffel Marmelade auf den Toast!

11. Verteilen Sie sie mit dem Messer!

12. Schneiden Sie den Toast durch!

13. Nehmen Sie eine Hälfte!

14. Kosten Sie ihn!

15. Schmeckt er gut?

16. Essen Sie den Toast! Lassen Sie es sich schmecken!

TOAST ZUBEREITEN

1. Du wirst Toast essen.

2. Schneide eine Scheibe Brot ab!

3. Steck sie in den Toaster!

4. Drück den Schalter hinunter!

5. Warte ein wenig!

6. Der Toast ist fertig.

7. Nimm den Toast heraus und leg ihn auf den Teller!

8. Streich etwas Butter drauf!

9. Sieh zu, wie sie schmilzt!

10. Tu einen Löffel Marmelade auf den Toast!

11. Verteil sie mit dem Messer!

12. Schneide den Toast durch!

13. Nimm eine Hälfte!

14. Koste ihn!

15. Schmeckt er gut?

16. Iß den Toast! Laß es dir schmecken!

EIN VOGEL

1. Sie sind ein Vogel im Baum.

2. Schlagen Sie mit Ihren Flügeln!

3. Fliegen Sie durch die Luft!

4. Landen Sie auf dem Boden!

5. Hüpfen Sie umher!

6. Suchen Sie nach Würmern!

7. Sie haben einen gefunden. Tragen Sie ihn in Ihrem Schnabel!

8. Fliegen Sie zum Baum zurück!

9. Schlucken Sie den Käfer hinunter!

10. Singen Sie für einen anderen Vogel!

11. Bauen Sie sich ein Nest!

12. Sitzen Sie im Nest!

13. Putzen Sie Ihre Federn!

14. Legen Sie ein Ei!

EIN VOGEL

1. Du bist ein Vogel im Baum.

2. Schlag mit deinen Flügeln!

3. Flieg durch die Luft!

4. Lande auf dem Boden!

5. Hüpf umher!

6. Such nach Würmern!

7. Du hast einen gefunden. Trag
ihn in deinem Schnabel!

8. Flieg zum Baum zurück!

9. Schluck den Käfer hinunter!

10. Sing für einen anderen Vogel!

11. Bau dir ein Nest!

12. Sitz im Nest!

13. Putz deine Federn!

14. Leg ein Ei!

EIN HERRLICHER TAG

1. Welch ein herrlicher, sonniger Tag!

2. Seufzen Sie und gehen Sie hinaus!

3. Strecken Sie sich und gähnen Sie!

4. Legen Sie sich in die Sonne!

5. Oh, es ist zu warm!

6. Sie schwitzen! Wischen Sie sich den Schweiß ab!

7. Richten Sie sich auf und schauen Sie, ob es einen schattigen Platz gibt!

8. Ah! Da ist ein großer Baum, der viel Schatten spendet!

9. Gehen Sie zum Baum hinüber!

10. Setzen Sie sich in den Schatten!

11. Oh ja, hier ist es schön und kühl.

12. Atmen Sie tief, strecken Sie sich und gähnen Sie noch einmal!

13. Legen Sie sich hin!

14. Schlafen Sie ein!

EIN HERRLICHER TAG

1. Welch ein herrlicher, sonniger Tag!

2. Seufz und geh hinaus!

3. Streck dich und gähne!

4. Leg dich in die Sonne!

5. Oh, es ist zu warm!

6. Du schwitzt! Wisch dir den Schweiß ab!

7. Richte dich auf und schau, ob es einen schattigen Platz gibt!

8. Ah! Da ist ein großer Baum, der viel Schatten spendet!

9. Geh zum Baum hinüber!

10. Setz dich in den Schatten!

11. Oh ja, hier ist es schön und kühl.

12. Atme tief, streck dich und gähne noch einmal!

13. Leg dich hin!

14. Schlaf ein!

EIN FEST

1. Sie geben ein Fest.

2. Legen Sie Musik auf!

3. Stellen Sie zwei Ihrer Gäste einander vor!

4. Da kommt ein anderer Gast. Winken Sie ihm ihr zu und rufen Sie »He!« oder »Hallo«!

5. Bieten Sie Ihren Gästen Kartoffelchips und Salzstangen an!

6. Essen Sie selbst welche!

7. Nehmen Sie einen Schluck von Ihrem Getränk!

8. Klatschen Sie, im Takt der Musik, in die Hände!

9. Schnippen Sie mit den Fingern!

10. Schlagen Sie den Takt mit dem Fuß mit!

11. Nicken Sie mit dem Kopf!

12. Bitten Sie jemand, mit Ihnen zu tanzen!

13. Bewegen Sie Ihren ganzen Körper zur Musik!

14. Schauen Sie Ihren Tanzpartner Ihre Tanzpartnerin an!

15. Zwinkern Sie ihm ihr zu!

16. Haben Sie Spaß?

17. Ich auch. Das ist ein tolles Fest.

EIN FEST

1. Du gibst ein Fest.

2. Leg Musik auf!

3. Stell zwei deiner Gäste einander vor!

4. Da kommt ein anderer Gast. Wink $\substack{\text{ihm} \\ \text{ihr}}$ zu und ruf »He!« oder »Hallo«!

5. Biete deinen Gästen Kartoffelchips und Salzstangen an!

6. Iß selbst welche!

7. Nimm einen Schluck von deinem Getränk!

8. Klatsch, im Takt der Musik, in die Hände!

9. Schnipp mit den Fingern!

10. Schlag den Takt mit dem Fuß mit!

11. Nick mit dem Kopf!

12. Bitte jemand, mit dir zu tanzen!

13. Beweg deinen ganzen Körper zur Musik!

14. Schau $\substack{\text{deinen Tanzpartner} \\ \text{deine Tanzpartnerin}}$ an!

15. Zwinker $\substack{\text{ihm} \\ \text{ihr}}$ zu!

16. Hast du Spaß?

17. Ich auch. Das ist ein tolles Fest.

HAUSPUTZ

1. Oh, Ihr Haus ist wirklich schmutzig!

2. Binden Sie sich eine Schürze um!

3. Spritzen Sie etwas Spülmittel ins Becken!

4. Waschen Sie das Becken mit einem Schwamm aus!

5. Fegen Sie den Küchenboden mit dem Besen!

6. Füllen Sie einen Eimer mit Wasser!

7. Gießen Sie etwas flüssiges Reinigungsmittel hinein!

8. Stecken Sie den Putzlappen hinein!

9. Wickeln Sie den Putzlappen um den Schrubber!

10. Wischen Sie damit den Küchenboden auf!

11. Stauben Sie die Möbel mit einem Staubtuch ab!

12. Stecken Sie den Stecker des Staubsaugers in die Steckdose!

13. Schalten Sie den Staubsauger ein!

14. Saugen Sie die Teppiche und Läufer!

15. Räumen Sie alle Putzgeräte weg!

16. Schauen Sie sich um! Es sieht viel besser aus.

HAUSPUTZ

1. Oh, dein Haus ist wirklich schmutzig!

2. Binde dir eine Schürze um!

3. Spritz etwas Spülmittel ins Becken!

4. Wasch das Becken mit einem Schwamm aus!

5. Feg den Küchenboden mit dem Besen!

6. Füll einen Eimer mit Wasser!

7. Gieß etwas flüssiges Reinigungsmittel hinein!

8. Steck den Putzlappen hinein!

9. Wickel den Putzlappen um den Schrubber!

10. Wisch damit den Küchenboden auf!

11. Staub die Möbel mit einem Staubtuch ab!

12. Steck den Stecker des Staubsaugers in die Steckdose!

13. Schalte den Staubsauger ein!

14. Saug die Teppiche und Läufer!

15. Räum alle Putzgeräte weg!

16. Schau dich um! Es sieht viel besser aus.

EINE AUTOFAHRT

1. Sie werden mit Ihrem Wagen wegfahren.

2. Suchen Sie den Wagenschlüssel!

3. Schließen Sie die Wagentür auf!

4. Öffnen Sie sie!

5. Steigen Sie ein!

6. Schnallen Sie sich an!

7. Lassen Sie den Motor anspringen!

8. Lassen Sie die Handbremse los!

9. Legen Sie den ersten Gang ein!

10. Fahren Sie weg!

11. Wechseln Sie zum zweiten Gang!

12. Fahren Sie schneller!

13. Schalten Sie in den dritten Gang!

14. Himmel! Zu schnell. Da kommt
ein Polizist.
eine Polizistin.

15. Fahren Sie an den Straßenrand
und halten Sie an!

16. Kurbeln Sie das Fenster herunter!

17. Sagen Sie ihm: »Es tut mir leid«!
ihr:

18. Behandeln Sie ihn wie einen guten Freund!
sie eine gute Freundin!

19. Das half! Diesmal bekommen Sie
keinen Strafzettel!

EINE AUTOFAHRT

1. Du wirst mit deinem Wagen wegfahren.

2. Such den Wagenschlüssel!

3. Schließ die Wagentür auf!

4. Öffne sie!

5. Steig ein!

6. Schnall dich an!

7. Laß den Motor anspringen!

8. Laß die Handbremse los!

9. Leg den ersten Gang ein!

10. Fahr weg!

11. Wechsel zum zweiten Gang!

12. Fahr schneller!

13. Schalte in den dritten Gang!

14. Himmel! Zu schnell. Da kommt
ein Polizist.
eine Polizistin.

15. Fahr an den Straßenrand
und halte an!

16. Kurbel das Fenster herunter!

17. Sag ihm: »Es tut mir leid«!
   ihr:

18. Behandel ihn wie einen guten Freund!
   sie einen gute Freundin!

19. Das half! Diesmal bekommst du
keinen Strafzettel!

EIN HUND

1. Sie sind ein Hund.

2. Da kommt eine Katze!

3. Jagen Sie sie!

4. Sie ist in den Baum geklettert.
   Bellen Sie die Katze an!

5. Es nützt nichts. Versuchen Sie etwas anderes!

6. Beschnuppern Sie den Boden!

7. Da ist ein alter Knochen. Kauen Sie ihn!

8. Nehmen Sie ihn mit in den Gemüsegarten!

9. Graben Sie ein Loch mit den Pfoten!

10. Vergraben Sie den Knochen!

11. Da kommt Ihr Herrchen. Frauchen. Wedeln Sie mit
    dem Schwanz!

12. Oh jeh! Ihr Herrchen Frauchen ist böse auf Sie,
    weil Sie ein Loch gegraben haben.

13. Lassen Sie den Kopf hängen! Schämen Sie
    sich nicht?

14. Setzen Sie sich in die Ecke! Was für ein
    ungezogener Hund!

EIN HUND

1. Du bist ein Hund.

2. Da kommt eine Katze!

3. Jag sie!

4. Sie ist in den Baum geklettert.
Bell die Katze an!

5. Es nützt nichts. Versuch etwas anderes!

6. Beschnupper den Boden!

7. Da ist ein alter Knochen. Kau ihn!

8. Nimm ihn mit in den Gemüsegarten!

9. Grab ein Loch mit den Pfoten!

10. Vergrab den Knochen!

11. Da kommt dein Herrchen. Frauchen. Wedel mit
dem Schwanz!

12. Oh jeh! Dein Herrchen Frauchen ist böse auf dich,
weil du ein Loch gegraben hast.

13. Laß den Kopf hängen! Schämst du
dich nicht?

14. Setz dich in die Ecke! Was für ein
ungezogener Hund!

EIN MANN MACHT SICH FERTIG, AUSZUGEHEN

1. Es ist Samstagabend und Sie gehen mit Ihrer Freundin aus.

2. Rasieren Sie sich!

3. Schneiden Sie sich die Fingernägel!

4. Duschen Sie sich!

5. Waschen Sie sich die Haare!

6. Trocknen Sie sich ab!

7. Nehmen Sie etwas Kölnisch Wasser!

8. Ziehen Sie sich an!

9. Sehen Sie sich im Spiegel an!

10. Kämmen Sie sich die Haare!

11. Sie sehen gut aus.

12. Borgen Sie sich etwas Geld von Ihrem Großvater!

13. Kaufen Sie einige Blumen!

14. Holen Sie Ihre Freundin ab!

15. Viel Spaß und gute Unterhaltung!

EIN MANN MACHT SICH FERTIG, AUSZUGEHEN

1. Es ist Samstagabend und du gehst mit deiner Freundin aus.

2. Rasier dich!

3. Schneide dir die Fingernägel!

4. Dusch dich!

5. Wasch dir die Haare!

6. Trockne dich ab!

7. Nimm etwas Kölnisch Wasser!

8. Zieh dich an!

9. Sieh dich im Spiegel an!

10. Kämm dir die Haare!

11. Du siehst gut aus.

12. Borg dir etwas Geld von deinem Großvater!

13. Kauf einige Blumen!

14. Hol deine Freundin ab!

15. Viel Spaß und gute Unterhaltung!

EINE JUNGE FRAU MACHT SICH
FERTIG, AUSZUGEHEN

1. Es ist Samstagabend und Sie gehen mit Ihrem Freund aus.

2. Feilen Sie sich die Nägel!

3. Nehmen Sie ein Schaumbad!

4. Bleiben Sie lange Zeit in der Badewanne und entspannen Sie sich!

5. Steigen Sie aus der Wanne!

6. Trocknen Sie sich ab!

7. Pudern Sie sich!

8. Nehmen Sie etwas Parfüm!

9. Ziehen Sie sich an!

10. Sehen Sie sich im Spiegel an!

11. Frisieren Sie sich die Haare!

12. Tragen Sie etwas Make-up auf!

13. Lackieren Sie sich die Fingernägel!

14. Sie sehen wunderbar aus. Warten Sie, bis Ihr Freund Sie abholt!

15. Viel Spaß und gute Unterhaltung!

EINE JUNGE FRAU MACHT SICH FERTIG, AUSZUGEHEN

1. Es ist Samstagabend und du gehst mit deinem Freund aus.

2. Feil dir die Nägel!

3. Nimm ein Schaumbad!

4. Bleib lange Zeit in der Badewanne und entspann dich!

5. Steig aus der Wanne!

6. Trockne dich ab!

7. Puder dich!

8. Nimm etwas Parfüm!

9. Zieh dich an!

10. Sieh dich im Spiegel an!

11. Frisier dir die Haare!

12. Trag etwas Make-up auf!

13. Lackier dir die Fingernägel!

14. Du siehst wunderbar aus. Warte, bis dein Freund dich abholt!

15. Viel Spaß und gute Unterhaltung!

IM WASCHSALON

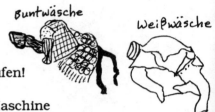

1. Sie werden Ihre Wäsche in einem Waschsalon waschen.

2. Sortieren Sie Ihre Wäsche in zwei Haufen!

3. Stecken Sie die Weißwäsche in eine Maschine und die Buntwäsche in eine andere!

4. Schütten Sie einen halben Becher Waschpulver in jede Maschine!

5. Stellen Sie die Wassertemperatur ein : kochen Sie die Weißwäsche, waschen Sie die Buntwäsche auf 60 Grad Celsius!

6. Stecken Sie eine Mark in den Schlitz der Maschine!

7. Setzen Sie sich hin und warten Sie, bis die Wäsche fertig ist!

8. Wenn sie fertig ist, nehmen Sie Ihre Sachen heraus!

9. Stecken Sie sie in den Trockner!

10. Werfen Sie die Münzen ein!

11. Stellen Sie eine mittlere Temperatur ein!

12. Warten Sie, bis die Wäsche trocken ist!

13. Wenn sie trocken ist, nehmen Sie sie heraus!

14. Sortieren Sie sie!

15. Legen Sie sie zusammen!

IM WASCHSALON

1. Du wirst deine Wäsche in einem Waschsalon waschen.

2. Sortier deine Wäsche in zwei Haufen!

3. Steck die Weißwäsche in eine Maschine und die Buntwäsche in eine andere!

 4. Schütte einen halben Becher Waschpulver in jede Maschine!

5. Stell die Wassertemperatur ein: koch die Weißwäsche, wasch die Buntwäsche auf 60 Grad Celsius!

 6. Steck eine Mark in den Schlitz der Maschine!

7. Setz dich hin und warte, bis die Wäsche fertig ist!

8. Wenn sie fertig ist, nimm deine Sachen heraus!

9. Steck sie in den Trockner!

10. Wirf die Münzen ein!

11. Stell eine mittlere Temperatur ein!

12. Warte, bis die Wäsche trocken ist!

13. Wenn sie trocken ist, nimm sie heraus!

    14. Sortier sie!

Papis   Muttis   Babys   Handtücher 15. Leg sie zusammen!

EIN ARZTTERMIN

1. Sie haben einen Arzttermin.

2. Gehen Sie zur Praxis des Arztes! / der Ärztin!

3. Geben Sie der Arzthelferin / dem Arzthelfer Ihren Namen an!

4. Sagen Sie ihr, wann Ihr Termin ist!

5. Setzen Sie sich hin!

6. Sie sind nervös. Sitzen Sie am Rande des Stuhles!

7. Kauen Sie an Ihren Fingernägeln!

8. Warten Sie eine halbe Stunde!

9. Endlich! Da kommt die Arzthelferin! / der Arzthelfer!

10. Folgen Sie ihr / ihm ins Untersuchungszimmer!

11. Sagen Sie zum Arzt: »Guten Tag«!

12. Setzen Sie sich hin!

13. Machen Sie den Mund weit auf!

14. Strecken Sie die Zunge raus und sagen Sie: »Ah...«!

15. Alles ist in Ordnung. Sie sind gesund.
Sagen Sie dem Arzt: / der Ärztin: »Auf Wiedersehen«!

16. Fragen Sie die Arzthelferin: / den Arzthelfer:
»Wieviel muß ich bezahlen, oder bezahlt die Versicherung direkt?«!

EIN ARZTTERMIN

1. Du hast einen Arzttermin.

2. Geh zur Praxis des Arztes! / der Ärztin!

3. Gib der Arzthelferin / dem Arzthelfer deinen Namen an!

4. Sag ihr, wann dein Termin ist!

5. Setz dich hin!

6. Du bist nervös. Sitz am Rande des Stuhles!

7. Kau an deinen Fingernägeln!

8. Warte eine halbe Stunde!

9. Endlich! Da kommt die Arzthelferin! / der Arzthelfer!

10. Folg ihr / ihm ins Untersuchungszimmer!

11. Sag zum Arzt: »Guten Tag«!

12. Setz dich hin!

13. Mach den Mund weit auf!

14. Streck die Zunge raus und sag: »Ah...«!

15. Alles ist in Ordnung. Du bist gesund. Sag dem Arzt: / der Ärztin: »Auf Wiedersehen«!

16. Frag die Arzthelferin: / den Arzthelfer: »Wieviel muß ich bezahlen, oder bezahlt die Versicherung direkt?«!

AUGENTROPFEN

1. Sie werden Tropfen für die Augen nehmen.

2. Öffnen Sie die Flasche mit den Augentropfen!

3. Füllen Sie die Pipette!

4. Legen Sie den Kopf zurück!

5. Machen Sie die Augen weit auf!

6. Halten Sie sie offen!

7. Halten Sie ein Auge mit Ihren Fingern weit offen!

8. Lassen Sie einen Tropfen ins Auge tropfen!

9. Blinzeln Sie nicht!

10. Oh! Sie haben nicht ins Auge getroffen. Der Tropfen läuft an Ihrer Wange herunter.

11. Wischen Sie ihn ab!

12. Versuchen Sie es noch einmal!

13. Da! Jetzt geht es! Sie haben es geschafft.

14. Blinzeln Sie jetzt wieder!

AUGENTROPFEN

1. Du wirst Tropfen für die Augen nehmen.

2. Öffne die Flasche mit den Augentropfen!

3. Füll die Pipette!

4. Leg den Kopf zurück!

5. Mach die Augen weit auf!

6. Halte sie offen!

7. Halte ein Auge mit deinen Fingern weit offen!

8. Laß einen Tropfen ins Auge tropfen!

9. Blinzel nicht!

10. Oh! Du hast nicht ins Auge getroffen. Der Tropfen läuft an deiner Wange herunter.

11. Wisch ihn ab!

12. Versuch es noch einmal!

13. Da! Jetzt geht es! Du hast es geschafft.

14. Blinzel jetzt wieder!

EINEN HANDTUCHHALTER ANBRINGEN

1. Sie werden einen Handtuchhalter
   im Badezimmer anbringen.

2. Halten Sie den Handtuchhalter an die Stelle,
   wo Sie ihn anbringen wollen!

3. Zeichnen Sie vier Kreuze für die Löcher
   auf die Wand!

4. Legen Sie den Halter beiseite!

5. Bohren Sie die vier Löcher in die Wand!

6. Halten Sie den Halter wieder an!

7. Stecken Sie eine Schraube in ein Loch!

8. Schrauben Sie sie halb rein!

9. Schrauben Sie die anderen ebenfalls
   halb rein!

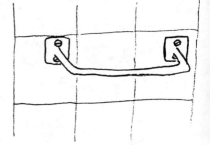

10. Gut! Jetzt sind alle Schrauben drin,
    aber sie sind noch locker.

11. Drehen Sie sie mit dem Schraubenzieher fest!
    Ganz fest.

12. Großartig! Sie sind alle fest.
    Wo sind die Handtücher?

EINEN HANDTUCHHALTER ANBRINGEN

1. Du wirst einen Handtuchhalter im Badezimmer anbringen.

2. Halte den Handtuchhalter an die Stelle, wo du ihn anbringen willst!

3. Zeichne vier Kreuze für die Löcher auf die Wand!

4. Leg den Halter beiseite!

5. Bohr die vier Löcher in die Wand!

6. Halte den Halter wieder an!

 7. Steck eine Schraube in ein Loch!

8. Schraub sie halb rein!

9. Schraub die anderen ebenfalls halb rein!

10. Gut! Jetzt sind alle Schrauben drin, aber sie sind noch locker.

11. Dreh sie mit dem Schraubenzieher fest! Ganz fest.

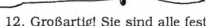

12. Großartig! Sie sind alle fest. Wo sind die Handtücher?

MIT DEM ZUG FAHREN

1. Sie werden den Zug nach Frankfurt am Main nehmen.

2. Tragen Sie Ihren Koffer und Ihre Reisetasche zum Bahnhof!

3. Sehen Sie sich nach dem Fahrplan um!

4. Stellen Sie Ihr Gepäck ab!

5. Suchen Sie eine Zugverbindung nach Frankfurt auf dem Fahrplan!

6. Aha! Der nächste Zug fährt in 15 Minuten von Gleis 8 ab.

7. Gehen Sie an den Fahrkartenschalter!

8. Stellen Sie sich in der Reihe an!

9. Rücken Sie auf! Jetzt sind Sie dran.

10. Sagen Sie: »Eine Fahrkarte nach Frankfurt hin und zurück, zweite Klasse, bitte«!

11. Bezahlen Sie die Fahrkarte!

12. Kaufen Sie sich eine Illustrierte, ein Käsebrot und einen Apfel!

13. Gehen Sie zu Gleis 8!

14. Steigen Sie in ein Zweiter-Klasse-Nichtraucherabteil ein!

15. Suchen Sie sich einen guten Platz!

16. Verstauen Sie Ihr Gepäck im Gepäcknetz!

17. Ziehen Sie Ihre Jacke aus!

18. Setzen Sie sich hin!

19. Der Zug fährt ab. Gute Reise!

MIT DEM ZUG FAHREN

1. Du wirst den Zug nach Frankfurt am Main nehmen.

2. Trag deinen Koffer und deine Reisetasche zum Bahnhof!

3. Sieh dich nach dem Fahrplan um!

4. Stell dein Gepäck ab!

5. Such eine Zugverbindung nach Frankfurt auf dem Fahrplan!

6. Aha! Der nächste Zug fährt in 15 Minuten von Gleis 8 ab.

7. Geh an den Fahrkartenschalter!

8. Stell dich in der Reihe an!

9. Rück auf! Jetzt bist du dran.

10. Sag: »Eine Fahrkarte nach Frankfurt hin und zurück, zweite Klasse, bitte«!

11. Bezahl die Fahrkarte!

12. Kauf dir eine Illustrierte, ein Käsebrot und einen Apfel!

13. Geh zu Gleis 8!

14. Steig in ein Zweiter-Klasse-Nichtraucherabteil ein!

15. Such dir einen guten Platz!

16. Verstau dein Gepäck im Gepäcknetz!

17. Zieh deine Jacke aus!

18. Setz dich hin!

19. Der Zug fährt ab. Gute Reise!

FOTOS MACHEN*

1. Sie werden einige Fotos von Ihren Bekannten machen.

2. Legen Sie einen Film ein.

3. Spulen Sie den Film vor.

4. Benutzen Sie das Blitzlicht.

5. (Zu allen:) »*Bitte stellen Sie sich dort hin.*«

6. Sehen Sie durch die Kamera.

7. »*Stellen Sie sich enger zusammen.*«

8. »*Gehen Sie weiter auseinander.*«

9. »*(Herr Krause), setzen Sie sich hin.*«

10. »*(Frau Verleger), stellen Sie sich woanders hin.*«

11. »*(Herr Schröder), stellen Sie sich vor (Herrn Kohl).*«

12. »*(Frau Arenhövel), stellen Sie sich hinter (Herrn Girrmann).*«

13. »*Bitte lächeln.*«

14. Drücken Sie auf den Auslöser.

15. »*Bleiben Sie dort stehen, wo Sie sind.*«

16. Spulen Sie den Film vor.

17. Machen Sie noch ein Foto.

---

* Dieses Kapitel kann am besten mit acht Leuten durchgeführt werden — zwei Sprecher und sechs "Bekannte" oder "Freunde", die fotografiert werden (obwohl das auch mit weniger "Bekannten" oder "Freunden" möglich ist). Der erste Sprecher fordert den zweiten auf, die Fotos zu machen. Der zweite Sprecher sagt den "Bekannten" oder "Freunden", was sie tun sollen; die Sätze des zweiten Sprechers sind *kursiv* gedruckt.

FOTOS MACHEN*

1. Du wirst einige Fotos von deinen Freunden und Freundinnen machen.

2. Leg einen Film ein.

3. Spul den Film vor.

4. Benutze das Blitzlicht.

5. (Zu allen:) »*Bitte stellt euch dort hin.*«

6. Sieh durch die Kamera.

7. »*Stellt euch enger zusammen.*«

8. »*Geht weiter auseinander.*«

9. »*(Horst), setz dich hin.*«

10. »*(Gudrun), setz dich woanders hin.*«

11. »*(Petra), stell dich vor (Alfons).*«

12. »*(Detlef), stell dich hinter (Frieda).*«

13. »*Bitte lächelt.*«

14. Drück auf den Auslöser.

15. »*Bleibt dort stehen, wo ihr seid.*«

16. Spul den Film vor.

17. Mach noch ein Foto.

---

* This lesson is best done with eight people — two speakers and six "friends" who are photographed (though it can be done with more or fewer "friends"). The first speaker tells the second one to take the pictures. The second speaker tells the friends what to do; his or her lines are *in italics*.

EINEN TISCH BAUEN

1. Sie werden einen Tisch bauen.

2. Suchen Sie ein schönes Brett aus!

3. Nehmen Sie das Maßband heraus!

4. Messen Sie das Brett!

5. Markieren Sie, wo Sie es absägen wollen!

6. Nehmen Sie die Säge!

7. Sägen Sie das Brett durch!

8. Nehmen Sie den Hammer und vier Nägel!

9. Halten Sie einen Nagel in einer Hand und den Hammer in der anderen Hand!

10. Schlagen Sie den Nagel in eine Ecke des Brettes!

11. Schlagen Sie die anderen Nägel in die anderen Ecken!

12. Drehen Sie den Tisch um!

13. Prima! Das ist ein schöner Tisch!

14. Sie sind ein guter Tischler! eine gute Tischlerin!

EINEN TISCH BAUEN

1. Du wirst einen Tisch bauen.

2. Such ein schönes Brett aus!

3. Nimm das Maßband heraus!

4. Miß das Brett!

5. Markier, wo du es absägen willst!

6. Nimm die Säge!

7. Säg das Brett durch!

8. Nimm den Hammer und vier Nägel!

9. Halte einen Nagel in einer Hand und den Hammer in der anderen Hand!

10. Schlag den Nagel in eine Ecke des Brettes!

11. Schlag die anderen Nägel in die anderen Ecken!

12. Dreh den Tisch um!

13. Prima! Das ist ein schöner Tisch!

14. Du bist ein guter Tischler!
    eine gute Tischlerin!

BERGSTEIGEN

1. Sie werden auf einen Berg steigen.

2. Fangen Sie an, den Berg hochzusteigen!

3. Sie werden durstig.

4. Machen Sie Pause und trinken Sie Wasser!

5. Gut. Nun klettern Sie weiter!

6. Sie fangen an, müde zu werden.
   Sie sind außer Atem.

7. Setzen Sie sich hin und holen Sie tief Luft!

8. Gut. Stehen Sie auf und klettern Sie weiter!

9. Nun fangen Sie an, hungrig zu werden!

10. Halten Sie an und essen Sie einen Apfel!

11. Klettern Sie bis ganz nach oben!

12. Oh! Schauen Sie! Welch herrlicher Ausblick!

13. Sind Sie müde? Sind Sie durstig? Sind Sie
    außer Atem? Sind Sie hungrig?

14. Setzen Sie sich hin und ruhen Sie sich aus!

15. Trinken Sie noch mehr Wasser
    und essen Sie ein Butterbrot!

16. Ruhen Sie sich eine Weile aus!

17. Gut. Fertig? Gehen wir. Stehen Sie auf!

18. Steigen Sie den Berg hinunter!

19. Ah, was für ein schöner Tag!

BERGSTEIGEN

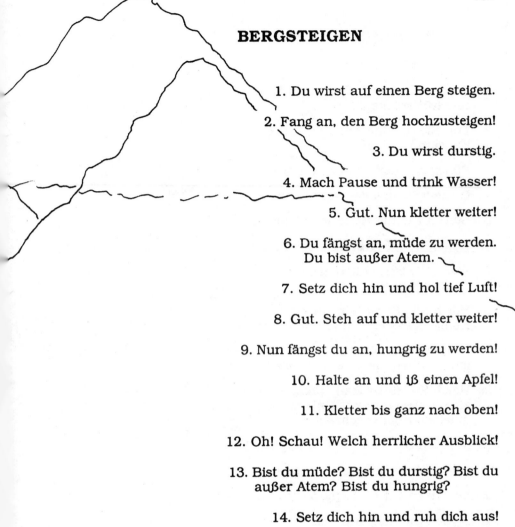

1. Du wirst auf einen Berg steigen.

2. Fang an, den Berg hochzusteigen!

3. Du wirst durstig.

4. Mach Pause und trink Wasser!

5. Gut. Nun kletter weiter!

6. Du fängst an, müde zu werden. Du bist außer Atem.

7. Setz dich hin und hol tief Luft!

8. Gut. Steh auf und kletter weiter!

9. Nun fängst du an, hungrig zu werden!

10. Halte an und iß einen Apfel!

11. Kletter bis ganz nach oben!

12. Oh! Schau! Welch herrlicher Ausblick!

13. Bist du müde? Bist du durstig? Bist du außer Atem? Bist du hungrig?

14. Setz dich hin und ruh dich aus!

15. Trink noch mehr Wasser und iß ein Butterbrot!

16. Ruh dich eine Weile aus!

17. Gut. Fertig? Gehen wir. Steh auf!

18. Steig den Berg hinunter!

19. Ah, was für ein schöner Tag!

FRÜHSTÜCK ZUBEREITEN

1. Sie werden ein Frühstück zubereiten und frühstücken.

2. Tun Sie das Filterpapier in die Kaffeemaschine!

3. Füllen Sie den Kaffee hinein!

4. Gießen Sie das Wasser hinein!

5. Stellen Sie die Kaffeemaschine an!

6. Holen Sie die Brötchen beim Bäcker!

7. Wenn Sie zurückkommen, gehen Sie an den Kühlschrank!

8. Holen Sie die Butter, die Marmelade oder den Honig, etwas Käse und Wurst heraus!

9. Nehmen Sie einen Löffel, ein Messer und eine Serviette aus der Schublade!

10. Holen Sie einen Frühstücksteller und eine Kaffeetasse mit Untertasse aus dem Küchenschrank!

11. Nehmen Sie die Brötchen aus der Tüte!

12. Legen Sie sie auf den Teller!

13. Schenken Sie sich eine Tasse Kaffee ein!

14. Stellen Sie alles auf den Tisch!

15. Setzen Sie sich hin!

16. Schneiden Sie das Brötchen auf!

17. Schmieren Sie Butter drauf!

18. Belegen Sie es mit Käse oder Wurst, oder streichen Sie Marmelade oder Honig drauf!

19. Greifen Sie tüchtig zu, genießen Sie Ihr Frühstück und lassen Sie es sich schmecken!

FRÜHSTÜCK ZUBEREITEN

1. Du wirst ein Frühstück zubereiten und frühstücken.

2. Tu das Filterpapier in die Kaffeemaschine!

3. Füll den Kaffee hinein!

4. Gieß das Wasser hinein!

5. Stell die Kaffeemaschine an!

6. Hol die Brötchen beim Bäcker!

7. Wenn du zurückkommst, geh an den Kühlschrank!

8. Hol die Butter, die Marmelade oder den Honig, etwas Käse und Wurst heraus!

9. Nimm einen Löffel, ein Messer und eine Serviette aus der Schublade!

10. Hol einen Frühstücksteller und eine Kaffeetasse mit Untertasse aus dem Küchenschrank!

11. Nimm die Brötchen aus der Tüte!

12. Leg sie auf den Teller!

13. Schenk dir eine Tasse Kaffee ein!

14. Stell alles auf den Tisch!

15. Setz dich hin!

16. Schneide das Brötchen auf!

17. Schmier Butter drauf!

18. Beleg es mit Käse oder Wurst, oder streich Marmelade oder Honig drauf!

19. Greif tüchtig zu, genieß dein Frühstück und laß es dir schmecken!

EIN FASCHINGSKOSTÜM

1. Sie werden sich für den Fasching ein Clownskostüm schneidern.

2. Gehen Sie zu einem Geschäft und besorgen Sie sich ein Clownskostüm!

3. Nehmen Sie ein Stück schwarzes Papier!

4. Schneiden Sie daraus eine Maske, die Ihre Augenpartie gut verdeckt!

5. Schneiden Sie zwei Löcher für die Augen aus!

6. Nehmen Sie das Maßband!

7. Für den Kragen messen Sie einen Meter Kreppapierstreifen ab!

8. Schneiden Sie es durch!

9. In der Mitte der Streifen ziehen Sie den Faden der Länge nach so zusammen, daß er um den Halz paßt!

10. Schneiden Sie den Faden so ab daß 15 Zentimeter an den Enden übrigbleiben, um einen Knoten am Halz zu binden!

11. Leihen Sie sich bei Ihrem Onkel einen großen Schlapphut oder Zylinder aus!

12. Ziehen Sie das Kostüm an!

13. Holen Sie ein Paar große Schuhe!

14. Sie sehen prächtig aus!

15. Gehen Sie nach draußen auf einen Platz!

16. Führen Sie einen Tanz auf und machen Sie eine Pirouette!

EIN FASCHINGSKOSTÜM

1. Du wirst dir für den Fasching ein Clownskostüm schneidern.

2. Geh zu einem Geschäft und besorg dir ein Clownskostüm!

3. Nimm ein Stück schwarzes Papier!

4. Schneide daraus eine Maske, die deine Augenpartie gut verdeckt!

5. Schneide zwei Löcher für die Augen aus!

6. Nimm das Maßband!

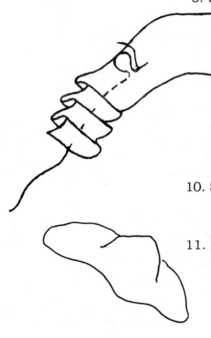

7. Für den Kragen miß einen Meter Kreppapierstreifen ab!

8. Schneide es durch!

9. In der Mitte der Streifen zieh den Faden der Länge nach so zusammen, daß er um den Halz paßt!

10. Schneide den Faden so ab daß 15 Zentimeter an den Enden übrigbleiben, um einen Knoten am Halz zu binden!

11. Leih dir bei deinem Onkel einen großen Schlapphut oder Zylinder aus!

12. Zieh das Kostüm an!

13. Hol ein Paar große Schuhe!

14. Du siehst prächtig aus!

15. Geh nach draußen auf einen Platz!

16. Führe einen Tanz auf und mach eine Pirouette!

WEIHNACHTSESSEN

1. Sie werden Weihnachten feiern.

2. Decken Sie den Tisch!

3. Nehmen Sie die gebackene Gans aus dem Ofen!

4. Stellen Sie das ganze Essen auf den Tisch!

5. Rufen Sie Ihre Familie zu Tisch:
   »Das Essen ist fertig«!

6. Sprechen Sie ein Dankgebet!

7. Setzen Sie sich!

8. Zerteilen Sie die Gans!

9. Servieren Sie jedem etwas davon!

10. Reichen Sie den Rest des Essens herum!

11. Essen Sie viel!

12. Sagen Sie: »Danke, ich bin satt«!

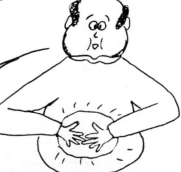

WEIHNACHTSESSEN

1. Du wirst Weihnachten feiern.

2. Deck den Tisch!

3. Nimm die gebackene Gans aus dem Ofen!

4. Stell das ganze Essen auf den Tisch!

5. Ruf deine Familie zu Tisch: »Das Essen ist fertig«!

6. Sprich ein Dankgebet!

7. Setz dich!

8. Zerteile die Gans!

9. Servier jedem etwas davon!

10. Reich den Rest des Essens herum!

11. Iß viel!

12. Sag: »Danke, ich bin satt«!

LISTE DER HILFSMITTEL FÜR JEDE LEKTION

aO — authentisches Objekt   **B** — Bild (Photographie oder Zeichnung)

2-3. *Sich die Hände waschen*: Seife, Handtuch, Handtuchhalter (lose oder fest), Wasserhahn (aO, B, Plastik, oder Zeichnung an der Tafel mit Wasser wegwischbar!)

4-5. *Eine Kerze*: Kerze, Kerzenhalter, Streichholzschachtel, Aschenbecher; *für die Klasse insgesamt*: Kerzen und kleine Kerzenhalter für den Geburtstagskuchen, Streichhölzer für jeden Kursteilnehmer (oder jedes Paar)

6-7. *Nach Hause kommen*: Haus (B(er)), Treppe (aO oder B), Schlüsselloch (aO oder B), Türklinke (aO oder B), Schlüssel, Türschloß (aO oder B)

8-9. *Käse*: eingewickelter Käse, Kuchenbrett, Messer

10-11. *Ein Ballon*: Ballons *für die Klasse* (die Studenten sollen die Anfangsbuchstaben ihrer Namen mit Tinte auf die aufgeblasenen Ballons schreiben, so daß sie später wieder dem Eigentümer zurückgegeben werden können, nachdem sie hochgelassen worden sind)

12-13. *Kaugummi kauen*: Kiosk (B oder Hilfsmittel zur Serie »zum Verkauf« auf dem Tisch), Kaugummi (mehrere ungeöffnete Päckchen)

14-15. *Ein Versteckspiel*: Kleine Objekte die Hilfsmittel von anderen Lektionen sein können.

16-17. *Eine Tablette nehmen*: Tablettenschachtel, Tablettenstreifen, Bonbon »Tabletten«, ein Glas Wasser

18-19. *Den Bleistift spitzen*: stumpfer Bleistift, Bleistiftspitzer (möglichst einer, der nicht als etwas anderes in Erscheinung tritt)

20-21. *Ein Müsli zubereiten*: Müsli in Packung, Schüssel, Banane, Messer, Mülleimer, Milchkarton, Löffel

22-23. *Einen Mantel kaufen*: Schaufenster (B oder imaginäre), Kleiderständer (jeder Art; ein über-der-Tür Kleiderständer läßt sich leicht mitbringen), Bügel (mehrere), Mantel (Ihr oder der ihrer Studenten), Spiegel (aO oder eingebildete oder B), Preisschilder (an jedem Mantel angebracht oder vom Geschäft)

24-25. *Ein Glas Milch*: Glas (kann aus Plastik sein), Milchkarton (mit Wasser gefüllt), Lappen (alt), Spülbecken (aO oder B), Wasserhahn (aO, B oder Plastik)

aO — authentisches Objekt   **B** — Bild (Photographie oder Zeichnung)

26-27. *Ein Geschenk einwickeln*: Schachteln in verschiedenen Größen (und Farben?), Seidenpapier und Geschenkpapier (mehrere Blätter entweder neu oder gebraucht; können auch verschiedene Farben haben), Klebestreifen (mehrere Rollen, wenn möglich), Bänder (mehrere Spulen wenn möglich, verschiedene Farben; Sie können auch Tuchbänder bringen — Samt oder Satin — um solche Vokabeln einzuführen), Geschenke (irgendwelche Objekte, die gerade zur Hand sind), Scheren

28-29. *Guten Morgen!*: Uhr (aO oder aus Pappe oder B), Bett (kann ein Stuhl sein mit einem Kissen und einer kleinen Decke), Badezimmer (bestimmte Ecke des Zimmers mit ein paar Toilettenartikel oder ein B), Küche (bestimmte Ecke des Zimmers mit einem Frühstückstisch oder ein B), Zeitung, Zahnbürste, Mantel, Familie (B oder eingebildete; oder ein Student kann zwei oder drei Studenten oder ganzen Klasse Küsse zuwerfen.)

30-31. *Sie werden krank*: Taschentuch, Apotheke (B oder bestimmte Ecke der Klasse mit mehreren Apothekergegenständen, Kopfschmerztabletten, Papiertaschentücher, Nasenspray (kann Wasser in einem Nasensprayfläschchen sein)

32-33. *Ein Büroangestellter*: Krawatte (nicht ansteckbar), Jacke, langärmeliges Hemd

34-35. *Einen Knopf annähen*: sehr große Knöpfe mit 2 Löchern, Nähspulen, Scheren, Nadel (je größer desto besser, um gut sichtbar zu sein), altes Hemd

36-37. *Ein Bild malen*: alte Zeitungen, Farbensatz (kleine Fläschchen mit flüssigen Plakatfarben, die im Supermarkt in den USA verkauft werden, jedoch keine festen Wasserfarben), Lappen, Pinsel, Wasserbehälter, weißes Papier, Klebestreifen oder Heftzwecken (um Bilder an die Wand zu hängen)

38-39. *Mit dem Flugzeug fliegen*: Flugzeug (B), Sitzgurt (jede Art von verstellbarem Gurt)

40-41. *Eine Kassette abspielen*: Kassette mit nettem, einfachem Lied, Radiorekorder mit allen in dem Kapitel vorkommenden Funktionen (Radio-Kassettenumschalttaste, Taste für stop/eject, Vorspultaste, Zurückspultaste, Abspiel- und Aufnahmetaste); verwenden Sie die Illustration auf S. 41 für Partnerübungen

42-43. *Im Restaurant*: Restaurant (B), Gabel, Messer, Löffel, Serviette (Tuch oder Papier), Speisekarte (aO, Mappe oder Stück Papier mit »Speisekarte« darauf)

44-45. *Ein Geschenk bekommen*: Geschenke (mehrere Objekte in Schachteln eingewickelt aber ohne Seidenpapier; nehmen Sie bekannte Gegenstände aus der Klasse, falls sie keine neuen Gegenstände einführen wollen)

140

aO — authentisches Objekt   **B** — Bild (Photographie oder Zeichnung)

46-47. *Ein verknittertes Hemd/Eine verknitterte Bluse*: 2 langärmelige Hemden oder Blusen (eines mit Falten, das andere ohne), Bügelbrett (oder ein Holzbrett), Bügeleisen mit Schnur (aO, oder benutzen Sie irgendein Objekt das man hinstellen und hinlegen kann, so wie einen Hefter oder ein Buch), Sprayflasche mit Wasser

48-49. *Eis essen und fernsehen*: Kombination Kühlschrank mit Tiefkühlfach (Schrank oder Bücherbord oder B), Eis (leerer Karton), Schale, Löffel, Büffet (oder Tisch), Fernseher (aO, Schachtel oder B)

50-51. *Auf ein Baby aufpassen*: Baby (große Puppe oder ähnliches, wenn eingewickelt in Decke), Tasse, Löffel

52-53. *Ein zerbrochenes Glas*: zerbrochenes Glas (durchsichtiges Plastikglas, zerschnitten), Mülleimer (oder Abfallkorb — nicht zu schmutzig — Sie wollen die Stücke nach der Vorführung wieder herausholen), Schaufel, Besen (oder Handfeger), ein anderes Glas (Plastik oder Glas)

54-55. *Zum Mond und zurück*: B'er von Rakete, Erde, Mond, Wüste (nur zur Erklärung benutzt, nicht als Objekt in der Vorführung)

56-57. *Spielen wir Ball*: Ball (oder für die ganze Klasse »Superballs« oder andere Bälle, besonders solche die hoch springen).

58-59. *Der Schluckauf*: Glas, Wasser in einem anderen Behälter, Pfefferdose mit Pfeffer

60-61. *Eine Telephonzelle benutzen*: Telephonzelle (aO oder B; oder eine bestimmte Stelle mit der Hand bezeichnet), Münztelephon (aO oder Plastikspieltelephon in einer Schuhschachtel mit einem Schlitz und einer Geldrückgabe)

62-63. *Suppe zum Mittagessen*: ein Päckchen Fertigsuppe, Saucentopf mit Deckel, Löffel, Herd (aO, B oder ein Buch), Suppenteller

64-65. *Eine Glühbirne wechseln*: Kleine Lampe mit abnehmbarem Schirm, ausgebrannte Birne, gute Birne

66-67. *Ein blutiges Knie*: Taschentuch (Tuch oder Papier mit roten Flecken), Desinfektionsmittel, Heftpflaster, Apotheke (siehe Nr. 30-31)

68-69. *Rühreier*: Plastik Ostereier, die sich öffnen lassen; Schüssel, Schneebesen, Löffel, Salzschütter, Milch (Karton), Öl (Flasche), Pfanne, Herd (aO, B oder ein Buch), Teller, Gabel

70-71. *Reisescheck*: Bank (B oder Ecke im Klassenzimmer), Reiseschecks (aO oder von Seite XLII), Bargeld (aO oder Spielgeld), Paß (aO oder imitiert), Schalterformular (kann irgendein Stück Papier sein)

aO — authentisches Objekt   B — Bild (Photographie oder Zeichnung)

72-73. *Ein zerbrochener Teller*: alte Platte (aO, Plastik oder Papier; kann schon zerbrochen sein aber nicht in zu viele Stücke), Klebstoff (in einer Tube)

74-75. *Ein Zaubertrick*: Glas (kann klares Plastik sein); Dose, Krug oder Wasserflasche; Schnur, Salz, Teller (um den Faden in Salz zu rollen), einige Eiswürfel

76-77. *Einen Brief schreiben*: Papier, Umschläge (Studenten können sie aus Papier machen), (Brief)marken (irgendeine Sorte, die geleckt werden kann), Postkasten (B oder Schachtel mit Schlitz)

78-79. *Ins Kino gehen*: Kinokarte (beliebig), Kartoffelchips, Getränke, Foyer, Kinosaal (arrangieren Sie das Zimmer dafür), Papiertaschentücher

80-81. *Eine Einkaufsliste anfertigen*: keine Hilfsmittel nötig; schreiben sie eine Liste an die Tafel.

82-83. *Einkaufen gehen*: Geschäft mit Obst/Gemüse- und Milchproduktenabteilung und eine Kasse (arrangieren Sie das Zimmer; Plastikobjekte und Plastikbeutel für Obst/Gemüseabteilung, leere Milch und Yoghurt Behälter für die Milchproduktenabteilung), Waage (aO, oder aus Pappe mit Kilo und Gramm gebastelt; siehe Seite 83), Preisschilder, Einkaufswagen (kann eine Schachtel in einem Stuhl sein), Einkaufstasche

84-85. *Eine Wegbeschreibung geben*: 1. Möglichkeit: Zeichnen Sie eine Karte mit all den Straßen, Kreuzungen, Gebäuden, Ampeln und Verkehrsschildern und nehmen Sie ein kleines Spielzeugauto, um auf der Karte zu fahren und/oder 2. Möglichkeit: Auto (zwei Stühle), Lenkrad (aO oder B oder Spielzeuglenkrad oder imaginäres Lenkrad), Ampel (Spielzeugampel oder B) und Stopschild (Spielzeug oder B); Straßen (B), Autobahn (B), Hügel (B), Geschäft (B), Schule (B); Verkehrsschilder: AUTOBAHNAUFFAHRT (mit Pfeil), KÄNGURUHSTADT 1 km und zwei AUSFAHRT-Zeichen (weil Känguruhstadt »die zweite Ausfahrt« in dem Kapitel ist)

86-87. *Haarschnitt*: keine Scheren! (gebrauchen Sie Ihre Finger), Zeitschrift, Spiegel (aO, imaginierte oder B), Kasse

88-89. *Orangen essen*: wenigstens 3 Orangen (aO, mit Kernen) scharfes Messer, feuchte Papiertücher (um die Hände abzuwischen)

90-91. *Ein Regentag*: Regenschirm, Pfütze (ein bißchen Wasser auf dem Fußboden)

92-93. *Eine unangenehme, holprige Busfahrt*: Fahrkarte, Bushaltestelle (Stuhl), Bus (Stühle)

94-95. *Ein Feuer machen*: Beil (B), Holzklotz (nur aO, kein Preßspan, Kamin (mit der Hand bezeichnet, oder B), Holzspäne (aO), Holzscheite (aO), Zeitung, Streichhölzer, Schaukelstuhl (aO, oder B oder irgendeinen Stuhl)

aO — authentisches Objekt   **B** — Bild (Photographie oder Zeichnung)

96-97. *Schwimmen gehen*: Schwimmbecken (B, Wasser (beliebig — in einer Schüssel, um Spritzen darzustellen)

98-99. *Toast zubereiten*: Brot (nicht in Scheiben geschnitten), Toaster, Teller, Messer, Löffel, Butter, Marmelade (alles aO'e)

100-101. *Ein Vogel*: Insekt (Plastik), Feder (aO, um zu zeigen, was es ist), Nest (Ihren Anorak, Sportjacke oder Jacke auf Ihrem Stuhl), Ei (vorzugsweise ein großes künstliches, im Nest versteckt)

102-103. *Ein herrlicher Tag*: Baum mit Schatten (B)

104-105. *Ein Fest*: Musik, Kartoffelchips, Salzstangen, Getränke

106-107. *Hausputz*: Schürze, Spülmittel, Spülbecken (Schüssel oder B), Besen, Eimer, flüssiges Reinigungsmittel, Putzlappen, Schrubber (siehe Seite 106), Staubtuch, kleiner Abfalleimer, Staubsauger (aO, Spielzeug oder B), kleiner Teppich

108-109. *Eine Autofahrt*: Schlüssel, Auto (Stuhl)

110-111. *Ein Hund*: Knochen (aO oder echt aussehendes Kinderspielzeug)

112-113. *Ein Mann macht sich fertig, auszugehen*: Rasierklinge, Nagelschere oder Nagelzange, Haarshampoo (beliebig), Handtuch, Kölnisch Wasser (Flasche), Spiegel (aO oder imaginierte oder B), Kamm, Blumen (aO oder künstlich)

114-115. *Eine junge Frau macht sich fertig, auszugehen*: Nagelfeile, Schaumbadflüssigkeit, Badewanne (B zur Erklärung, Stuhl zum Gebrauch), Rasierklinge, Handtuch, Puder, Parfüm, Spiegel (aO oder imaginierte oder B), Nagellack, Haarspangen (oder etwas für das Haar), Make-up (Make-up Stifte oder gewöhnliche Bleistifte und Kulis zum Vorführen), Lippenstift

116-117. *Im Waschsalon*: alte Kleider, Waschmaschinen und Trockner (Schachteln mit Schlitzen für Münzen und Knöpfe zum Temperaturwählen), Waschpulver, Tasse

118-119. *Ein Arzttermin*: keine Hilfsmittel

120-121. *Augentropfen*: Augentropfen (Wasser in einem Tropffläschchen mit Pipette)

122-123. *Einen Handtuchhalter anbringen*: Handtuchhalter, Schrauben, Schraubenzieher, Tafel oder eine andere Oberfläche, auf der eine Ablage befestigt werden kann

aO — authentisches Objekt   **B** — Bild (Photographie oder Zeichnung)

124-125. *Mit dem Zug fahren*: Koffer, Reisetasche, Fahrplan (groß genug, damit alle es sehen können, oder Kopien für alle), Fahrkartenschalter (B oder Stuhlanordnung), Fahrkarte (aO, oder irgendein Stück Papier), Geld (aO oder Spiel), Illustrierte, Käsebrot, Apfel, Zug (Stuhlanordnung und B)

126-127. *Fotos machen*: Fotoapparat mit Blitzlicht (oder kleine Schachtel und Glühbirne), Film

128-129. *Einen Tisch bauen*: Bretter (kleine, leicht unterschiedliche), Maßband, Säge, Hammer, Nägel (extra große)

130-131. *Bergsteigen*: Wasserbeutel oder Wasserflasche, Apfel (aO oder Plastik), Butterbrot; *beliebig*: Spazierstock (irgendein Stock oder eine Stange)

132-133. *Frühstück zubereiten*: Filterpapier, Kaffeemaschine, Brötchen, Tüte, Butter, Marmelade, Honig, Käse, Wurst, Kühlschrank (aO, B oder Schrank), Teelöffel, Messer, Serviette, Schublade (aO oder B), Teller, Tasse, Untertasse, Küchenschrank (aO oder B), Tisch

134-135. *Ein Faschingskostüm*: Geschäft (B oder eine Ecke im Klassenzimmer, Clownsjacke, Hosen, großer Schlapphut, Zylinder (beide aO, B oder Papier), ein Paar große Schuhe, schwarzes Papier und Kreppapierstreifen *für jeden Studenten*, Maßbänder und Scheren (*für jedes Studentenpaar*, wenn möglich), Nadeln, Faden, Baton

136-137. *Weihnachtsessen*: Teller, Messer, Gabeln, Löffel, Servietten, Gläser (oder Tassen), gebackene Gans (ausgestopfte Papiertüte), Nahrungsmittel (Plastik)

SEITENKORRESPONDENZEN (PAGE CORRESPONDENCES):
Lernt aktiv! ➜ *Action English Pictures*

Lernt	AEP	Lernt	AEP	Lernt	AEP	Lernt	AEP
2-3	13	34-35	38	64-65	42	92-93	63
6-7	16	36-37	41	66-67	28	98-99	11
16-17	24	38-39	64	68-69	10	102-103	104
18-19	88	44-45	70	70-71	61	106-107	47
20-21	9	48-49	48	72-73	29	116-117	59
22-23	54	50-51	40	76-77	44	120-121	26
24-25	12	52-53	30	78-79	78	122-123	43
26-27	76	58-59	80	82-83	58	136-137	73
28-29	8	60-61	57	86-87	62		
30-31	25	62-63	14	90-91	103		

LIST OF PROPS FOR EACH LESSON

R — real   P — picture (photograph or drawing)

2-3. *Sich die Hände waschen*: soap, towel, towel rack (loose or fixed), faucet (R, P, plastic, or drawing on board with erasable water!)

4-5. *Eine Kerze*: candle, candle holder, matchbook, ashtray; *class sets of*: birthday cake candles, cake candle holders, matchbooks for each student (or each pair)

6-7. *Nach Hause kommen*: home (P(s)), stairway (R or P), keyhole (R or P), doorknob (R or P), key, door lock (R or P)

8-9. *Käse*: wrapped cheese, cutting board, knife

10-11. *Ein Ballon*: *class set* of balloons (have students initial them in ink when inflated so that they can be retrieved after they are flown)

12-13. *Kaugummi kauen*: kiosk (P or group of items "for sale" on table), gum (several unopened packs)

14-15. *Ein Versteckspiel*: small objects (can be props from other lessons)

16-17. *Eine tablette nehmen*: cardboard pillbox, strip of pills, candy "pills," glass of water

18-19. *Den Bleistift anspitzen*: dull pencil, hand-held pencil sharpener (preferably one that is not disguised as something else)

20-21. *Ein Müsli zubereiten*: müsli in package, bowl, banana, knife, garbage can, milk carton, spoon

22-23. *Einen Mantel kaufen*: store windows (P or imaginary), rack (any kind; an over-the-door rack is simple to transport), hangers (several), coats (yours and/or students'), mirror (R or imagined or P), price tags (on each coat, handmade or from a store)

24-25. *Ein Glas Milch*: glass (can be clear plastic), milk carton (filled with water), rag (raggedy), sink (R or P), faucet (R, P or plastic)

26-27. *Ein Geschenk einwickeln*: boxes of various sizes (and colors?), tissue paper and gift wrap (several pieces of new or used each; also can be of different colors), cellophane tape (several rolls if possible), ribbon (several spools if possible, of different colors; you may also bring in pieces of cloth ribbon — velvet and satin — to introduce such words), presents (any objects you have on hand), scissors

28-29. *Guten Morgen!*: clock (R or cardboard or P), bed (can be a chair with a pillow and small blanket), bathroom (designated area of the room with a few toiletries or a P), kitchen (designated area of the room with a breakfast table setting or a P), newspaper, toothbrush, coat, family (P or imaginary; or performer can blow or give pretend kisses to two or three students or to the whole class)

R — real　　　　**P — picture (photograph or drawing)**

30-31. *Sie werden krank*: handkerchief (*not* tissue), drugstore (P or designated area of class with several pharmaceutical items), pain pills, kleenex, nasal spray (can be water in nasal spray bottle)

32-33. *Ein Büroangestellter*: tie (not clip-on), jacket (blazer-type), long-sleeved shirt

34-35. *Einen Knopf annähen*: very large button with 2 holes, spool of thread, scissors, needle (the larger the better for visibility), old shirt

36-37. *Ein Bild malen*: old newspapers, set of paints (small jars of liquid poster temperas sold in supermarkets, toy stores, etc., in the U.S.A. — not watercolors in solid form), rag, paintbrush, jar of water, white paper, tape or thumbtacks (to hang pictures on wall)

38-39. *Mit dem Flugzeug fliegen*: plane (P), seat belt (any kind of adjustable belt will do)

40-41. *Eine Kassette abspielen*: cassette with a nice, easy song; radio/cassette player with all functions in lesson (radio/tape switch, stop/eject button, fast-forward, rewind, play and record buttons); use illustration on p. 41 for pair practice

42-43. *Im Restaurant*: restaurant (P), fork, knife, spoon, napkin (cloth or paper), menu (R or folder or piece of paper labeled "Menu")

44-45. *Ein Geschenk bekommen*: presents (several objects wrapped in boxes but without tissue inside — use familiar props from the class if you aren't prepared to be actually giving things to the students)

46-47. *Ein verknittertes Hemd/Eine verknitterte Bluse*: 2 long-sleeved shirts or blouses (one wrinkled, the other not), ironing board (or any wooden board), iron with cord (R, or use any object that can be set on end and can also be laid down, such as a stapler or a book), spray bottle with water

48-49. *Eis essen und fernsehen*: combination refrigerator and freezer (storage cabinet or bookcase or P), ice cream (empty ice cream carton), bowl, spoon, counter (or table), T.V. (R, box or P)

50-51. *Auf ein Baby aufpassen*: baby (large doll or anything, especially if wrapped in a blanket), cup, spoon

52-53. *Ein zerbrochenes Glas*: broken glass (clear plastic tumbler, cut up), garbage can (or wastebasket — check that it's not too dirty — you want to retrieve your broken pieces after each performance of the sequence), dustpan, broom (or whisk broom), another glass (plastic or glass)

54-55. *Zum Mond und zurück*: P's of rocket, earth, moon, desert (for clarification only, not as props to use in performance)

R — real   **P — picture (photograph or drawing)**

56-57. *Spielen wir Ball*: ball (or class set of "superballs" or other balls, especially very bouncy ones)

58-59. *Der Schluckauf*: glass, water in another container, pepper shaker with pepper inside

60-61. *Eine Telephonzelle benutzen*: phone booth (R or P; or define area around phone with hands), pay phone (R or plastic toy phone housed in a shoe box to which you have added a slot and a coin return)

62-63. *Suppe zum Mittagessen*: envelope of instant soup, saucepan with lid, spoon, stove (R, P or a book), bowl

64-65. *Eine Glühbirne wechseln*: small lamp with removable shade, burnt-out bulb, good bulb

66-67. *Ein blutiges Knie*: handkerchief (cloth or tissue with red stains), disinfectant medicine, bandaids, drugstore (see #30-31)

68-69. *Rühreier*: plastic Easter eggs that open, bowl, egg beater, spoon, salt shaker, milk (carton), oil (bottle), pan, stove (R, P or a book), plate, fork

70-71. *Reisescheck*: bank (P or area of classroom), traveller's checks (R or from page *XLII*), cash (R or play), passport (R or phony), teller's form (can be any piece of paper)

72-73. *Ein zerbrochener Teller*: old plate (R, plastic or paper; can be already broken but not in too many pieces), glue (in a tube)

74-75. *Ein Zaubertrick*: glass (can be clear plastic); jar, pitcher or bottle of water; string, salt, plate (to roll string in salt), ice cubes

76-77. *Einen Brief schreiben*: paper, envelopes (students can make them from paper), stamps (any kind that can be licked), mailbox (P or box with slot)

78-79. *Ins Kino gehen*: ticket(s) (optional), potato chips, drinks, lobby, theater (arrange the room to designate these areas), kleenex

80-81. *Eine Einkaufsliste anfertigen*: no props needed; make a list on the blackboard

82-83. *Einkaufen gehen*: grocery store with produce and dairy sections and a cash register (arrange room; furnish produce section with plastic items and bags, dairy section with empty dairy containers), scale (R, or make a cardboard one with kilos and grams marked; see p. 83), price labels, cart (a box in a chair works fine), shopping bag (brought by customer)

R — real   P — picture (photograph or drawing)

84-85. *Eine Wegbeschreibung geben*: Option 1: draw a map of all these streets, blocks, buildings, stops and signs, and use a small toy car to drive on the map *and/or* Option 2: car (two chairs), steering wheel (R or P or toy or imaginary); stop light (toy or P) and stop sign (toy or P); streets (P), freeway (P), hill (P), store (P), school (P); signs: AUTOBAHNAUFFAHRT (with arrow), KÄNGURUHSTADT 1 km and two AUSFAHRT signs (because Super is "the second exit" according to the lesson)

86-87. *Haarschnitt*: no scissors! (use your fingers), magazine, mirror (R or imagined or P), cash register

88-89. *Orangen essen*: at least 3 oranges (R, with seeds), sharp knife, damp paper towels (to wipe juice off hands)

90-91. *Ein Regentag*: umbrella, puddle (a little water on the floor)

92-93. *Eine unangenehme, holprige Busfahrt*: ticket, bus stop (chair), bus (chair arrangement)

94-95. *Ein Feuer machen*: axe (P), log (R only, *not* particleboard), fireplace (defined by hands, or P), twigs (R), sticks (R), newspaper, matches, rocking chair (R, or P and any chair)

96-97. *Schwimmen gehen*: swimming pool (P), water (optional — in a bowl to demonstrate splashing)

98-99. *Toast zubereiten*: unsliced loaf of bread, toaster, plate, knife, spoon, butter, jam (all R)

100-101. *Ein Vogel*: bug (plastic), feather (R, to show what it is), nest (your coat or sweater in your chair), egg (preferably a large artificial one, hidden in nest)

102-103. *Ein herrlicher Tag*: shady tree (P)

104-105. *Ein Fest*: music, chips, *Salzstangen* (thick pretzel sticks), drink

106-107. *Hausputz*: apron, kitchen cleanser, sink (bowl or P), broom, bucket, liquid cleaner, cleaning rag, mop (see page 106), dust cloth, small wastebaskets, vacuum cleaner (R, toy or P), small rug

108-109. *Eine Autofahrt*: key, car (chair)

110-111. *Ein Hund*: bone (R or realistic dog toy)

112-113. *Ein Mann macht sich fertig auszugehen*: razor, nail scissors or clippers, shampoo (optional), towel, cologne (bottle), mirror (R or imagined or P), comb, flowers (R or artificial)

148

114-115. *Eine junge Frau macht sich fertig auszugehen*: nail file, bubble bath liquid, tub (P for clarification, chair for use), razor, towel, powder, perfume, mirror (R or imagined or P), nail polish, barrettes (or something for hair), makeup (makeup pencils or ordinary pencils and pens for pretending), lipstick

116-117. *Im Waschsalon*: old clothes, washing machines and dryers (boxes with slots for coins and dials for temperature settings), detergent, cup

118-119. *Ein Arzttermin*: no props

120-121 *Augentropfen*: eye drops (water in a dropper bottle)

122-123. *Einen Handtuchhalter anbringen*: towel rack, screws, screwdriver, bulletin board or other surface on which to install rack

124-125. *Mit dem Zug fahren*: suitcase, travel bag, schedule of departing trains (large enough for all to see, or copies for all), ticket window (P or chair arrangement), ticket (R, or can be any piece of paper), money (R or play), magazine, cheese sandwich, apple, train (chair arrangement and P)

126-127. *Fotos machen*: camera (or small box); flash (or simply a light bulb); film

128-129. *Einen Tisch bauen*: boards (small, slightly different ones), tape measure, saw, hammer, nails (gigantic)

130-131. *Bergsteigen*: canteen or plastic bottle, apple (R or plastic), sandwich; *optional* : walking stick (any stick or pole)

132-133. *Frühstück zubereiten*: paper coffee filters, coffee maker, rolls, bag, butter, jam, honey, cheese, sausage, refrigerator (R, P or cabinet), teaspoon, knife, napkin, drawer (R or P), plate, cup, saucer, cupboard (R or P), table

134-135. *Ein Faschingskostüm*: store (P or area of the classroom), clown jacket, pants, big floppy hat, top hat (both R, P or paper), a pair of big shoes, black paper and strip of crêpe paper *for each student*, tape measures and scissors (*for each pair of students* if possible), needles, thread, baton

136-137. *Weihnachtsessen*: plates, knives, forks, spoons, napkins, glasses (or cups), baked goose (stuffed paper bag), food (plastic)

TPR IS MORE THAN COMMANDS — AT ALL LEVELS
2nd Edition

Contee Seely & Elizabeth Romijn

How to go from zero to correct spoken fluency with TPR. Very practical, with many examples. For ESL and foreign language teachers alike. About 25% of the book consists of exercises based on action series in *Live Action English*, demonstrating how to use the content of the series to bring about the acquisition of tenses and various structures.

Total Physical Response is generally thought to be only the use and performance of commands. And many consider it to be useful only at beginning levels of language acquisition. This book shows how Professor James Asher's approach can be used to teach a variety of language skills and structures at all levels. Among the many very practical features are:

- 7 ways to teach *tenses* and *verb forms*
- How to develop *fluency* and *connected discourse*
- Numerous examples in detail of how to bring about the *natural acquisition* of each of a variety of specific *grammatical structures* and of *idioms* and expressions
- *4 basic types* of TPR exercises
- A clear and detailed description of Blaine Ray's breakthrough *TPR Storytelling*, through which students unfailingly achieve fluency appropriate to their level
- Abundant practical *tips* and fine points of TPR
- A variety of *written exercises*, including the extremely productive *TPR Dictation*
- Overcoming *problems* typically encountered in the use of TPR
- Lists of (1) TPR *materials*, (2) *sources* of them and (3) TPR *presenters*

FLUENCY THROUGH TPR STORYTELLING:
Achieving Real Language Acquisition in School
2nd Edition

Blaine Ray & Contee Seely

The definitive treatment of TPR Storytelling by the originator, Blaine Ray, and Contee Seely. TPR is used to teach vocabulary from day one throughout four years. Many other effective techniques come into play at various stages. After 15 to 30 class hours, storytelling begins. Within 10 to 20 more hours, students are speaking the target language without ever having memorized anything, and their fluency is developing daily. Teachers love what their students can do. Students do too. This book shows how to keep students acquiring with fascination at every level. Beware! It may change your expectations of what students can accomplish in the classroom and make language teaching more exciting and fulfilling than ever.

VERTEILER
von Command Performance Language Institute Materialen

DISTRIBUTORS
of Command Performance Language Institute Materials

Continental Book Co.
625 E. 70th Ave., Unit 5
Denver, CO 80229
(303) 289-1761
Fax (800) 279-1764
www.continentalbook.
   com

Sky Oaks Productions
P.O. Box 1102
Los Gatos, CA 95031
(408) 395-7600
Fax (408) 395-8440
TPR World@aol.com
www.tpr-world.com

Edumate
2231 Morena Blvd.
San Diego, CA 92110
(619) 275-7117
Fax (619) 275-7120
edumate@aol.com

Tempo Bookstore
4905 Wisconsin Ave.,
N.W.
Washington, DC 20016
(202) 363-6683
Fax (202) 363-6686
Tempobookstore@usa.
   net

Authors & Editors
10736 Jefferson Blvd.,
#104
Culver City, CA 90230
(310) 836-2014
authedit@idt.net

Educational
   Showcase
639 N. Rochester Rd.
Clawson, MI 48017
(810) 589-0025
(800) 213-3671
Fax (810) 589-0311

Berty Segal, Inc.
1749 Eucalyptus St.
Brea, CA 92621
(714) 529-5359
Fax (714) 529-3882
BertySegal@aol.com
www.agoralang.com/
   tpr-bertysegal.html

Applause Learning
   Resources
85 Fernwood Lane
Roslyn, NY 11576-
   1431
(516) 365-1259
(800) 253-5351
Fax (516) 365-7484

T.E.S.L. Books
397 Little Lonsdale St.
(G.P.O. Box 1438M)
Melbourne
AUSTRALIA 3000
Tel 03-96703532
Fax 03-96703449

Midwest European
   Publications
8220 North Christiana
   Ave.
Skokie, IL 60076
(847) 866-6289
Fax (800) 380-8919
info@mep-eli.com
www.mep-eli.com

Canadian Resources
   for ESL
15 Ravina Crescent
Toronto, Ontario
CANADA M4J 3L9
416-466-7875
fax 416-466-4383
Thane@interlog.com

Delta Systems, Inc.
1400 Miller Parkway
McHenry, IL 60050
(815) 36-DELTA
(800) 323-8270
Fax (800) 909-9901
custsvc@delta-
   systems.com
www.delta-
   systems.com

International Book
   Centre
2391 Auburn Rd.
Shelby Township, MI
   48317
(810) 879-8436
Fax (810) 254-7230

Teacher's Discovery
2741 Paldan Dr.
Auburn Hills, MI
   48326
(800) 832-2437
Fax (248) 340-7212
www.teachersdiscover
   y.com

Multi-Cultural Books &
   Videos
12033 St. Thomas
   Crescent
Tecumseh, ONT
CANADA N8N 3V6
(519) 735-3313
Fax (519) 735-5043

The English Resource
15-15-2F Matsugae-
   cho
Sagamihara-shi,
   Kanagawa-ken
JAPAN 228
Tel 0427-44-8898
Fax 0427-44-8897
resource@twics.com

Calliope Books
Route 3, Box 3395
Saylorsburg, PA 18353
(610) 381-2587

Gessler Publishing
P.O. Box 2798
Roanoke, VA 24001
(540) 345-1429
(800) 456-5825
Fax (703) 342-7172
gesslerco@aol.com
www.gessler.com

Alta Book Center
14 Adrian Court
Burlingame, CA 94010
(415) 692-1285
(800) ALTA/ESL
Fax (415) 692-4654
Fax (800) ALTA/FAX
ALTAESL@aol.com
www.altaesl.com

DIDASKO
6-7-31-611 Itachibori
Nishi-ku, Osaka 550
JAPAN
Tel 06-443-3810
Fax 06-447-7324

Multi-Cultural Books &
   Videos
28880 Southfield Rd.,
   Suite 183
Lathrup Village, MI
   48076
(810) 559-2676
(800) 567-2220
Fax (810) 559-2465

European Book Co.
925 Larkin St.
San Francisco, CA
   94109
(415) 474-0626

Miller Educational
   Materials
P.O. Box 355
Buena Park, CA 90621
(800) MEM 4 ESL
Fax (714) 562-0237

FÜR DEN GEBRAUCH MIT
LERNT AKTIV!
und AUSGABEN
IN ANDEREN SPRACHEN

FOR USE WITH
LERNT AKTIV!
and VERSIONS IN ALL
OTHER LANGUAGES!

Action English Pictures mit reizvollen und präzisen Bildern von der erfahrenen Illustratorin Noriko Takahashi und dem Text von Maxine Frauman-Prickel. Ein Lehrer-Nachschlagewerk mit 66 Bilderfolgen, die vervielfältigt werden können und 7 Modellübungen. Das Werk kann mit Anfängern und Fortgeschrittenen aller Altersstufen verwendet werden. 38 der Bilderfolgen folgen genau (oder beinahe genau) den Befehlsserien in *Lernt aktiv!* Das Buch ist in vieler Hinsicht nützlich: als Gedächtnisstüze, für Folgen, Zuordnungen, Beschreibungen usw. Oben ist die Lektion »Auf ein Baby aufpassen« von den Seiten 50 und 51 des *Lernt aktiv!*

Action English Pictures, with delightful and precise expert drawings by Noriko Takahashi and text by Maxine Frauman-Prickel. A teacher resource with 66 duplicatable picture sequences and 7 reproducible model exercises for use with beginning and intermediate students of all ages. 38 of the picture sequences follow exactly (or almost exactly) the series of commands in *Lernt aktiv!* Useful in many ways: as memory aids, for sequencing, matching, descriptions... Shown above is "Auf ein Baby aufpassen" from pages 50-51 of *Lernt aktiv!*

ERHÄLTLICH BEI:

AVAILABLE FROM:

Alta Book Center
14 Adrian Court
Burlingame, CA 94010
(415) 692-1285 or (800) ALTA/ESL
Fax (415) 692-4654 or (800) ALTA/FAX
ALTAESL@aol.com
www.altaesl.com

Siehe die deutsche Beschreibung auf der Rückseite des Einbands.

LERNT AKTIV!
Live Action German

A TEXT WITH SPECIAL CHARACTER AND PLAYFUL CHARM
The text that shouts out: **"Hey! This is fun! Let's do it!"**

Over 50,000 copies of the English version (*Live Action English*) sold world-wide! The first student/teacher book based on James J. Asher's stimulating and effective **Total Physical Response (TPR)** approach to language acquisition. With a foreword by Asher, the book contains 68 lively "happenings" (illustrated series of commands, provided in both the *Sie* and the *du* forms) for use with students of all ages in beginning, intermediate and multilevel classes. This *Millennium Edition* features three brand new lessons (pp. 40-41, 84-85 and 126-127), minor revisions of several lessons, a complete list of props used in each sequence and updated information for the teacher about how to use the book most productively at the elementary, secondary, college and adult levels. Contains much practical colloquial language not found in other texts and is carefully adapted to the German milieu, with several lessons written specifically for *Lernt aktiv!*

Generates motivation by giving students a feeling of what real communication in German is like. Every student actually gives commands and physically responds to them — real communication — **the student's own words have power!** Elicits emotional responses through the intermingling of words and actions. Produces a sense of amused delight in students — a real satisfaction in communicating in their new language.

Contee Seely is a recipient of the Excellence in Teaching Award
presented by the California Council for Adult Education

Live Action English, Spanish, French, Italian and Japanese
are all available now.

Two Great Companion Volumes Available:

TPR IS MORE THAN COMMANDS—AT ALL LEVELS. By Contee Seely & Elizabeth Kuizenga Romijn. Shows how to use *Lernt aktiv!* to teach tenses and grammar. Much more too. See page 149.

ACTION ENGLISH PICTURES. Illustrated by Noriko Takahashi. Text by Maxine Frauman-Prickel. Useful in many ways with *Lernt aktiv!* See the description and illustration on the next-to-last page and the list of 38 lessons common to both books on page 143. Available from Alta Book Center.

Command Performance Language Institute

ISBN 0-929724-03-8